Richard Rohr

Verwandlung

Richard Rohr

Verwandlung

Was radikale Veränderung
bedeutet

Aus dem Amerikanischen übersetzt
von Mike Kauschke

Claudius

Titel der amerikanischen Originalausgabe:
Introducing Richard Rohr
A Collection of Teachings for Newcomers
© 2009 Center for Action and Contemplation
Originalausgabe der 6 CDs veröffentlicht 2009 vom Center for Action and Contemplation,
Albuquerque, New Mexico, USA

Bibliografische Informationen Der Deutschen Nationalbibliothek
Die Deutsche Nationalbibliothek verzeichnet diese Publikation in der
Deutschen Nationalbibliografie; detaillierte bibliografische Daten
sind im Internet über <http://dnb.d-nb.de> abrufbar.

2. Auflage 2012
© Claudius Verlag München 2011
Birkerstraße 22, 80636 München
www.claudius.de

Umschlaggestaltung: Guter Punkt, München
Titelbild: Wassily Kandinsky, Farbstudien mit Angaben zur Maltechnik (Detail), 1913,
Barnett Nr. 344 © VG Bild-Kunst, Bonn 2011
Druck: Ebner/Spiegel, Ulm

ISBN 978-3-532-62426-5

Inhalt

Die Aufgaben des spirituellen Lebens oder: Die beiden Lebenshälften

Die spirituellen Aufgaben in der ersten und der zweiten Lebenshälfte unterscheiden sich grundlegend. Wenn wir uns diesen Unterschied klar machen, können wir die Probleme im Zusammenhang mit dem Wachstum unserer Spiritualität besser verstehen. Ein Großteil dessen, womit Menschen sich befassen, entspricht den Aufgaben der ersten Lebenshälfte. Ab einem bestimmten Punkt jedoch müssen wir uns den Aufgaben der zweiten Lebenshälfte widmen. In ihr gewinnen völlig andere Fragen an Bedeutung.

An verschiedenen Stellen des Neuen Testaments, unter anderem im Hebräerbrief, wird die Metapher von Milch und fester Speise verwendet. Diese Metapher lässt sich auf die erste und die zweite Lebenshälfte beziehen. Im Hebräerbrief heißt es: „Und ihr, die ihr längst Lehrer sein solltet, habt es wieder nötig, dass man euch die Anfangsgründe der göttlichen Worte lehre und dass man euch Milch gebe und nicht feste Speise. Denn wem man noch Milch geben muss, der ist unerfahren in dem Wort der Gerechtigkeit, denn er ist ein kleines Kind. Feste Speise aber ist für die Vollkommenen, die durch den Gebrauch geübte Sinne haben und Gutes und Böses unterscheiden können." (Hebräer 5,12-14) Von dieser festen Speise sprechen auch

Johannes vom Kreuz (1542–1591) und Teresa von Avila (1515–1582), und zwar als Nahrung für Menschen, die die erste Hälfte des Lebenswegs zurückgelegt und gelernt haben, was es dort zu lernen gibt, die also die Werte der ersten Lebenshälfte verinnerlicht haben.

Auch der Galaterbrief erwähnt die Notwendigkeit, von den Aufgaben der ersten Lebenshälfte – sie betreffen das Gesetz – zu denen der zweiten Lebenshälfte – sie betreffen Christus – weiterzugehen: „So ist das Gesetz unser Zuchtmeister gewesen auf Christus hin, damit wir durch den Glauben gerecht würden." (Galater 3,24) Noch schärfer wird mit der folgenden Formulierung die zweite Lebenshälfte von der ersten unterschieden: „Regiert euch aber der Geist, so seid ihr nicht mehr unter dem Gesetz." (Galater 5,18) Dieselbe Unterscheidung findet sich in anderer Begrifflichkeit im 1. Johannesbrief: „Furcht ist nicht in der Liebe, sondern die vollkommene Liebe treibt die Furcht aus; denn die Furcht rechnet mit Strafe. Wer sich aber fürchtet, der ist nicht vollkommen in der Liebe." (1. Johannes 4,18) Explizit werden die beiden Lebenshälften im Johannesevangelium benannt. Jesus spricht zu Petrus: „Als du jünger warst ..., wenn du aber alt wirst" (Johannes 21,18).

Die Aufgaben der ersten Lebenshälfte sind keineswegs unwichtig. Es geht darum, etwas zu entwickeln, das ich als eine Art „Gefäß" bezeichnen möchte, und zwar ein gutes Gefäß, das die Inhalte des Lebens aufnehmen kann. Genau davon spricht Jesus im Gleichnis von den Weinschläuchen: „Auch füllt niemand neuen Wein in alte Schläuche. Sonst zerreißt der Wein die Schläuche; der Wein ist verloren und die Schläuche sind unbrauchbar. Neuer Wein gehört in neue Schläuche." (Markus 2,22)

Der Begründer der analytischen Psychologie, Carl Gustav Jung (1875–1961), schreibt über das Verhältnis der

Lebenshälften: „Was für einen jungen Menschen ein normales Ziel ist, wird im Alter zu einem neurotischen Hindernis." Und an anderer Stelle: „Wir können den Nachmittag des Lebens nicht nach den Vorgaben des Morgens des Lebens leben, weil das, was am Morgen gut war, am Abend kaum mehr wichtig sein wird. Was am Morgen wahr war, wird am Abend zu einer Lüge geworden sein."

Die Bedeutung der ersten Lebenshälfte

Der wohl größte Fehler der institutionalisierten Religion besteht in ihrer Überzeugung, sie müsse Menschen dabei helfen, die Aufgaben der ersten Lebenshälfte zu bewältigen. In Wahrheit geht es in der spirituellen Begleitung jedoch darum, Menschen zu zeigen, wie sie zu den Aufgaben der zweiten Lebenshälfte gelangen. Dem Übergang von der ersten zur zweiten Lebensaufgabe geht häufig eine Krise voraus. Bei der Bewältigung dieser Krise hilft die Weisheit der großen Tradition. Ohne solche Hilfe kehren die meisten Menschen wieder um und wenden noch größere Energie für die Aufgaben der ersten Lebenshälfte auf. Dadurch werden sie im Alter häufig starrsinnig und unflexibel. Mit Willenskraft lassen sich die Probleme der zweiten Lebenshälfte nicht lösen. Nach Überzeugung des spirituellen Autors und Lehrers Gerald May (1940–2005) stehen in der ersten Lebenshälfte Willenskraft und Selbstkontrolle im Zentrum. Anders in der zweiten Lebenshälfte: Hier geht es nicht um die Kraft des Willens, sondern um Bereitschaft, nicht um Selbstkontrolle, sondern um etwas viel Schwereres, nämlich um das Loslassen von Kontrolle.

Die Rückkehr zu den Aufgaben der ersten Lebenshälfte und zur Selbstkontrolle ist eine verbreitete Verhaltensweise. Besonders junge Männer sind von der als heroisch geltenden Selbstkontrolle, ihrer Selbstmächtigkeit und der daraus resultierenden Überzeugung fasziniert: „Ich kann, ich bin ein Mann." In der zweiten Lebenshälfte ist diese Haltung jedoch kaum hilfreich, denn es stellen sich völlig andere Fragen.

Der griechische Schriftsteller Nikos Kazantzakis (1883–1957) findet für die unterschiedlichen Lebensaufgaben poetische Worte: „In der ersten Lebenshälfte kämpfen wir mit dem Teufel, in der zweiten Lebenshälfte kämpfen wir mit Gott." Im Kampf mit dem Teufel können wir uns überlegen fühlen; der Teufel ist böse, wir sind gut. Im Kampf mit Gott müssen wir auf den Luxus der Überlegenheit verzichten. Aus diesem Grund kehrt das Ego immer wieder zu den ersten Lebensaufgaben zurück, denn es will sich überlegen fühlen, die Kontrolle behalten und recht haben.

Das Ego muss sich zudem immer wieder bestätigen, dass es im Recht ist. Diese Bestätigung findet das Ego in der Sicherheit, die aus der Zugehörigkeit zu einer Gruppe und dem Gesetz erwächst. Ganz anders der Glaube: Glaubende Menschen sind sich nicht sicher, dass sie recht haben. Das geht bereits aus dem Wort „Glaube" hervor. Echter Glaube ist selten, denn das Ego kann mit Angst und Unklarheit, denen ein glaubender Mensch sich stellen muss, nicht umgehen. Angst und Unklarheit sind unausweichlich, wenn wir von Gott gehalten werden und nicht wissen, wie wir uns selbst halten sollen. Angst und Unklarheit sind unausweichlich, wenn wir nicht sicher sind, dass wir recht haben. Johanna von Orleans (1412–1431) hat diesen Zusammenhang so ausgedrückt: „Gott, wenn ich recht habe, dann lass mich darin weitergehen. Wenn ich aber im Unrecht bin und es nicht weiß, dann, Gott, führe mich. Doch alles ist dein Werk, ich weiß nichts."

Wahre Freiheit ist die Haltung eines Menschen, der nicht recht haben muss. „Niemand ist gut als Gott allein" (Markus 10,18) – diese Erkenntnis aus der Begegnung des reichen Jünglings mit Jesus gehört in die zweite Lebenshälfte. Nebenbei bemerkt: Die Geschichte vom reichen Jüngling handelt von der Einladung, sich von der ersten Lebenshälfte zu lösen, in der der Jüngling alle Gebote gelebt und sorgfältig erfüllt hat: „Das habe ich alles gehalten von meiner Jugend an." (Markus 10,20) Jesus erwidert: Gut. Wenn du aber erwachsen werden willst, werde ich dir einen anderen Weg weisen. Bei diesem anderen Weg geht es um das Aufgeben von Besitz, und zwar nicht nur um das Aufgeben materieller Besitztümer. Das wäre zu einfach, obwohl bereits diese Aufgabe für die meisten von uns schwer genug wäre. Es kommt vielmehr darauf an, alle Besitztümer des Egos aufzugeben, jedes Merkmal unseres äußeren Ansehens und jede Möglichkeit, überlegen, gerettet und besser als andere zu sein. Diesen Besitz wollen wir krampfhaft festhalten und ohne die Führung und den Geist Gottes wird uns das Loslassen nicht gelingen.

In der zweiten Lebenshälfte können wir uns nicht länger selbst halten; wir sind gefallen und nur die Hände des lebendigen Gottes können uns halten. Über die Weigerung, die Kontrolle aufzugeben, schreibt C.G. Jung: „Stattdessen ziehen es viele Alte vor, Hypochonder, Geizhälse, Prinzipienreiter und laudatores tempori acti [die aktiven Zeiten Verklärende] oder gar ewig Junge zu werden, ein kläglicher Ersatz für die Erleuchtung des Selbst, aber eine unausbleibliche Folge des Wahnes, dass die zweite Lebenshälfte von den Prinzipien der ersten regiert werden müsse."

Der Mensch kann nur dann in die zweite Lebenshälfte eintreten, wenn er die erste gut bestanden hat. Es geht also nicht darum, das Vergangene abzuwerten. Ich fühle mich in vielerlei Hinsicht privilegiert, auch in Bezug auf meine Vergangenheit. Ich bin in einem traditionellen, konservativen Umfeld aufgewachsen; der Zugang zu Sicherheit, Strukturen und Ordnungen hat mir gut getan. Paradoxerweise kann ich nur wegen meiner konservativen Wurzeln heute so progressiv sprechen. Auf meinen zahllosen Reisen habe ich die verschiedensten Kulturen und Völker kennengelernt. Ausnahmslos alle Menschen, deren Handeln und deren Zuwendung zu anderen mich für diese Welt hoffen lassen, haben konservative Wurzeln. In ihrer ersten Lebenshälfte haben Tradition, Rituale, Struktur, Ordnung, Autorität, Sicherheit und Klarheit eine wesentliche Rolle gespielt.

Die Pädagogik zeigt, wie wichtig diese Wurzeln für die kindliche Psyche sind. Kinder brauchen Vorhersehbarkeit; mit Chaos und Unordnung können sie ebenso wenig leben wie mit einer Situation, in der alles ständig neu entschieden wird und sich jederzeit alles ändern kann. Offensichtlich lässt sich der Weg zur Freiheit nicht abkürzen. Wir müssen die Regeln und die ihnen zugrunde liegenden Werte internalisiert haben. Erst dann können wir Möglichkeiten finden, sie außer Kraft zu setzen. Über diesen Zusammenhang spricht Jesus mehrfach im Matthäusevangelium: „Ihr habt gehört, dass gesagt ist ..., ich aber sage euch" (vgl. Matthäus 5,21-48). Jesus sieht das Gesetz nicht als überflüssig an, sondern als notwendigen Ausgangspunkt bzw. als das, was ich als Gefäß bezeichne. Dieses Gefäß muss so stabil sein, dass es im Kampf des Lebens nicht zu Bruch geht. Es begleitet uns, bis wir schließlich selbst wissen, welche Themen wichtig sind. Dies ist der Zeitpunkt, an dem wir uns mit einem „Zuchtmeister" (vgl. Galater 3,24-25) oder spirituellen Lehrer auseinandersetzen können.

Von spirituellen Lehrern können wir lernen, in die Tiefe zu gehen. Zwar mögen wir das Gesetz noch immer hochhalten und womöglich nehmen wir uns auch immer wieder ernsthaft vor, es zu befolgen. Doch die meisten Menschen haben immer größere Schwierigkeiten damit, bis sie schließlich erkennen, dass sie das Gesetz in seiner wahren spirituellen Bedeutung gar nicht befolgen können. Diese Situation markiert den Ort des Übergangs. Hier beginnt das Erwachsenwerden.

Die Entwicklung des spirituellen Bewusstseins

Dem amerikanischen Alttestamentler Walter Brueggemann (geb. 1933) verdanke ich eine wichtige Einsicht. Er ist überzeugt, dass die drei großen Abschnitte der hebräischen Bibel die Entwicklung des allgemeinen spirituellen Bewusstseins widerspiegeln. Am Anfang stehen die *fünf Bücher Mose,* auch Thora genannt, in denen es vor allem um Gesetz, Ordnung, Zugehörigkeit und darum geht, auserwählt und der Beste zu sein. Die Hebräer halten sich für die einzigen Auserwählten und die einzig von Gott Geliebten. Das fast ausschließliche Thema des 3. und 4. Buchs Mose ist die Trennung von allem Unreinen. Heiligkeit wird hier mit der „Trennung von etwas" nahezu gleichgesetzt (vgl. beispielsweise 3. Mose 16-25). Heiligkeit bedeutet die Trennung von Heiden, Sündern, Aussätzigen, Behinderten, Menstruierenden. Wer sich von all dieser Unreinheit trennt, wird nach dieser Sichtweise automatisch rein.

Jesus ist in einem von solchem Denken geprägten religiösen Umfeld aufgewachsen. Indem er die Unreinen berührt und ihr sogenanntes unreines Leben teilt und damit als nicht unrein erweist, stellt er die traditionelle Sichtweise radikal infrage. Deshalb war er eine eminente Bedrohung für seine eigene Religion.

Das Bemühen um Heiligkeit und dessen fast zwangsläufiges Scheitern sehe ich auch in meinem eigenen Leben. Mitte der 70er Jahre des vergangenen Jahrhunderts war ich als Priester in der „New Jerusalem Community" tätig. In meinen Predigten wollte ich den jungen Menschen dort von der Liebe Gottes erzählen. Tausende von Jugendlichen haben wir damals erreicht. Unser Mühen hat Früchte getragen, manches hat sich erhalten und die Gemeinschaft existiert heute noch, wenn sie inzwischen auch viel kleiner ist. Doch mit 30 Jahren Abstand sehe ich auch, dass viele Menschen damals nicht wirklich in die Tiefe gegangen sind und sich mit „billiger Gnade" zufriedengegeben haben, wie Dietrich Bonhoeffer (1906–1945) formuliert. Wenn Menschen sich nicht nach Gnade sehnen, wenn sie nach Vergebung und Liebe nicht geradezu verzweifelt suchen, wenn sie nicht „genug davon haben, krank und müde zu sein" – so eine Formulierung der Anonymen Alkoholiker –, dann ist die Gnade, die ihnen zuteilwird, keine echte Gnade. Wir müssen uns schmerzhaft nach Gnade sehnen, wir müssen ihrer in höchster Dringlichkeit bedürfen. Wir müssen in die Irre gegangen sein, wir müssen geliebt und verloren haben. Wir müssen einigen weisen Menschen zugehört haben und wir müssen wenigstens einige Male vergeben oder um Vergebung gebeten haben. Wenn uns in dieser Situation das Wort der Gnade zuteilwird, entsteht eine tiefe, sehnende, schmerzende Leere in uns und erst dann wissen wir: „Ja, das ist es, was ich brauche; das ist es, was ich will." Damit beginnt der Übergang in die zweite Lebenshälfte.

Offenbar brauchen wir auf unserem Weg aber auch den

Druck, wie er von der Thora ausgeht. Wie soll ein Kind verlässliche Orientierung finden, wenn es keinen Druck spürt? Alles bleibt für das Kind beliebig, wenn es nur zu hören bekommt: „Alles ist völlig offen und frei. Triff deine eigenen Entscheidungen. Tu, was du willst. Alles ist gut. Glaube an dich selbst." In dieser Beliebigkeit ist auch die Gnade beliebig, sie ist „billige Gnade". Und aus der Zusage „Gott liebt dich" folgt allenfalls die Reaktion: „Aha, er liebt mich also."

Der zweite Teil der hebräischen Bibel sind die *Prophetenbücher*. Die Propheten werden in der Tradition am seltensten zitiert, vermutlich weil die Prophetenbücher Ausdruck der Fähigkeit zu selbstkritischem Denken sind, einer Fähigkeit, die wir als Teenager entwickeln sollten. Zwar scheint die Fähigkeit zur Kritik an anderen im Teenageralter stärker ausgeprägt als das Vermögen zur Selbstkritik, doch der Verstand entwickelt zumindest die Fähigkeit, die eigenen dunklen Seiten, den eigenen Schatten und die eigenen Fehler zu erkennen. In diesem Entwicklungsprozess lernen junge Menschen auch, zu vergeben und um Vergebung zu bitten und sich zu entschuldigen. Wenn sich diese Fähigkeit zur Selbstkritik nicht ausbildet, hat ein Mensch keinen Zugang zu den Propheten.

Die Stufe der Selbstkritik hat Seltenheitswert in der Weltgeschichte. In den wenigsten Kulturen ist Platz für Propheten, die meisten Nationen sind nicht zur Selbstkritik fähig, sondern erschöpfen sich in der Kritik an anderen.

Auch die meisten Kirchen sind unfähig, sich selbst zu kritisieren. In der katholischen Taufliturgie wird der Satz gesprochen: „Aufgenommen in das Volk Gottes, wirst du nun mit dem heiligen Chrisam gesalbt, damit du für immer Glied Christi bleibst, der Priester, König und Prophet ist in Ewigkeit." In den vielen, vielen Kirchen, die ich in aller Welt gesehen habe, findet sich Christus wohl als König und Priester dargestellt, nie jedoch als Prophet. Es scheint fast, als wäre unsere Psyche zu dieser Christussicht noch nicht fähig. Die Ablehnung von Christus als Prophet resultiert aus unserer Weigerung, Selbstkritik zu üben.

Ausgangspunkt der regulären Entwicklung der Psyche ist nach Brueggemann die Thora, also Zugehörigkeit, Ordnung, Sicherheit, Gesetz, Auserwählung, Besonderheit und die Selbsteinschätzung „Ich weiß, ich bin gut. Ich weiß, ich bin der Beste". Die Prophetenbücher stehen für die Entwicklung der Fähigkeit zur Selbstkritik. Die dritte Entwicklungsstufe der Psyche sieht Brueggemann im Zusammenhang mit den *Weisheitsbüchern* der hebräischen Bibel. Dazu gehören das Buch Hiob, zahlreiche Psalmen, die Sprüche Salomos und das Buch Prediger (Kohelet). Die Texte sind teilweise von einer Sprache des Geheimnisses und des Paradoxons bestimmt. In der dritten Entwicklungsstufe setzen wir uns mit Geheimnis und Paradox auseinander, denn nun sind wir stark genug, um Widersprüche zusammenzuhalten – in uns selbst und in anderen. Diese Fähigkeit äußert sich in Mitgefühl, Vergebung, Geduld und Toleranz. Die Entwicklung läuft ganz natürlich auf diese dritte Ebene zu; wir erreichen sie jedoch nur, wenn wir die ersten beiden Stufen bewältigt haben.

Die Unterscheidung der drei Entwicklungsstufen befähigt zur Selbstreflexion und zu einer kritischen Betrachtung der Kirche. Die Betonung der Thora steht für die Wichtigkeit von Identität, für Zugehörigkeitssysteme und Grenzen. Grenzen, die von Zugehörigkeitssystemen garantiert werden, sind ein wertvoller und wohl notwendiger Ausgangspunkt. Mehr als ein Anfang sind sie jedoch nicht. Gerade das religiöse Zugehörigkeitssystem kritisiert Jesus immer wieder scharf. Im Wissen, dass Gott für alle Menschen da ist, zielt er über das Judentum hinaus auf etwas Größeres. Ebenso muss die Erfahrung des Auserwähltseins überstiegen werden. Zwar müssen wir selbst zutiefst erfahren und wissen, was es bedeutet, eine geliebte Tochter oder ein geliebter Sohn zu sein. Ich muss wissen, dass Gott mich liebt, in meiner Gebrochenheit und in meinen Sünden. Doch die Erwählung gilt nicht nur mir allein, sondern alle sind erwählt (vgl. Römer 4,16; 8,14.32; 9,24; 10,12). Um es psychologisch zu formulieren: Der Mensch braucht Grenzen und muss über diese Grenzen hinausgehen, ohne sie jedoch völlig zu zerstören. Er braucht ein Zuhause, um nach Hause kommen zu können. Mit anderen Worten: Er muss wissen, wer er ist.

In der Welt, aber nicht von der Welt

Jesus hat keine Weltflucht gepredigt; dem Heiligen Franziskus (1181/82–1226) war stets die Gemeinschaft mit einfachen Menschen wichtig. Die Suche nach einem inneren Weg mag in die Einsamkeit führen, sie bedeutet jedoch keinen Hass auf die Welt. Wir erreichen unser Ziel nur, wenn wir die Welt lieben, ihr mitfühlend begegnen und sie umarmen – so, wie sie ist. Wenn wir gegen etwas ankämpfen, werden wir so wie das Bekämpfte. Solange wir beurteilen, kritisieren und herabsetzen, befindet sich unsere Psyche noch auf der ersten Entwicklungsstufe.

Jesus hat diese Art Auseinandersetzung nicht wichtig genommen. Seine jüdischen Wurzeln und die Propheten haben ihn gelehrt, dass Gesetz, Ordnung und Erwählung Kategorien der Ausgrenzung sind. Damit hat er sich in Widerspruch zum Tempel gestellt, zu den Hohepriestern, Ältesten und Schriftgelehrten. Wir dürfen also annehmen, dass die Kritik an der Religion Teil unserer eigenen Tradition ist. Doch die beste Kritik des Schlechten ist die Praxis des Besseren. Jesus hat sich nicht in der Kritik am Gesetz erschöpft, sondern die Liebe Gottes gepredigt. Franziskus hat nicht die Zustände im Bischofspalast und der Kathedrale von Assisi kritisiert, sondern die kleine Kirche San Damiano mit eigenen Händen wiederaufgebaut.

Solange wir unsere Zeit ausschließlich damit verbringen, das Böse zu bekämpfen, stehen wir in Gefahr, den Täuschungen unseres Egos zu erliegen, es zu überhöhen und uns als besser zu sehen als die Menschen, über die wir urteilen, die wir kritisieren und verändern wollen. Und auch bei der zweiten Stufe, der Selbstkritik, dürfen wir nicht stehen bleiben. Wir müssen weitergehen zur dritten Ebene, zur Weisheit. Dass Weisheit aktives Handeln bedeutet, hat Jesus gelehrt und in seiner Nachfolge beispielsweise Franziskus, Mahatma Gandhi (1869–1948) und Martin Luther King (1929–1968).

Das Ego

Ich wurde 1943 in Kansas geboren und war stolz, in diesem Bundesstaat mitten in Amerika zu leben. Wir hielten unser Land für das beste und wir lebten in dessen Zentrum, im Herzen des Herzens der Welt. Für diese narzisstische Überzeugung hatten wir gute Argumente: Unsere Regierung war stark, wir waren das reichste Land der Erde, hatten gerade einen Krieg gewonnen und Europa befreit. Ich war Mitglied der einen heiligen katholischen und apostolischen Kirche und natürlich galt unsere Religion als die beste. In der Tat schienen die anderen Religionen ziemlich obskur. Ob Gott sie wichtig nimmt? Besser, wir hatten nicht allzu viel mit ihnen zu tun.

Ein solcher Beginn des Lebenswegs ist durchaus positiv. Äußerst negativ ist jedoch, wenn Menschen nicht weitergehen, am Anfang stehen bleiben oder allenfalls im Kreis gehen und sich selbst zu ihrem privilegierten Status beglückwünschen: Welch angenehmer Zufall, dass wir in die beste aller Nationen und die beste aller Religionen hineingeboren sind! Wie traurig für die armen Menschen in Indien und Afrika, dass Gott uns mehr liebt als sie.

Und wie traurig für die Frauen, dass Gott uns Männer mehr liebt als sie. Wenn nicht laut, so haben wir doch in Gedanken das Gebet des jüdischen Mannes wiederholt: „Danke Gott, dass ich nicht als Frau geboren wurde." Vergebt mir, liebe Schwestern – mea culpa, mea culpa, mea maxima culpa. Lange, viel zu lange haben wir geglaubt, das überlegene und deshalb bessere Geschlecht zu sein. Und manche Männer glauben das noch immer.

Aus all diesen Überzeugungen spricht das Ego.[1] Das Ego braucht fortwährend Befriedigung und Bestätigung. Es will den Durchblick haben und Kontrolle ausüben. Sein Bedürfnis nach Befriedigung ist so groß, dass es eine befriedigende Unwahrheit jeder unbefriedigenden Wahrheit vorzieht. Aus diesem Grund gelangen die meisten Menschen nicht zur prophetischen Stufe oder zur Weisheit.

Die kopernikanische Wende, also die Einsicht, dass die Erde nicht im Zentrum des Universums steht, war eine Revolution des Denkens – von der Kirche übrigens lange Zeit als Häresie gebrandmarkt. Heute ist das kopernikanische Weltbild eine Selbstverständlichkeit. Eine entsprechende Revolution der Einsicht ist Aufgabe für jeden Menschen und sie muss nicht minder schwer erkämpft werden. Nicht ich bin das Zentrum. Nicht unsere Nation ist das Zentrum. Und auch meine Zugehörigkeitssysteme,

---

1 Ausführlich dazu Richard Rohr, Befreiung vom Ego. Wege zum wahren Selbst, Claudius Verlag, München ²2010.

die mir Sicherheit und Halt geben, sind nicht das Zentrum der Welt.

Einzig die Gotteserfahrung ist stark genug, um diese natürliche Egozentrik zu durchbrechen, einzig die absolute Gotteserfahrung, in der wir mit absoluter Gewissheit spüren, dass etwas wahrhaft heilig und wahrhaft transzendent ist. Ich bin nur ein Sandkorn in einem riesigen Universum. Ich bin nur ein winziger Tropfen in einem Ozean. Ich bin vergänglich und in einigen Jahren werde ich nicht mehr da sein, so wie jeder Mensch. Wenn ich dennoch meinen kleinen Wirkungskreis als den Bezugsrahmen oder als Kriterium für irgendeine Wahrheit nehme, dann ist das nichts anderes als Hybris.

Das Bedürfnis des Egos nach permanenter und unmittelbarer Befriedigung lässt sich sehr gut an Kindern ablesen. Mit vollkommener Offenheit können sie nicht umgehen und ein Übermaß an Wahlmöglichkeiten überfordert sie. Mit seltener Klarheit habe ich diese Zusammenhänge auf einem Flug von Orlando gesehen. Das Flugzeug war voller schreiender Kinder. Als ich mich bei einer Stewardess nach dem Grund des Lärms erkundigte, antwortete sie: „Dies ist einer der unbeliebtesten Flüge in den gesamten USA. Diese Kinder waren gerade drei Tage lang in Disneyland. Sie sind erschöpft von all den Möglichkeiten." Den Kindern hatte drei Tage lang eine unüberschaubare Auswahl offengestanden; stets hatte das Ego das Kommando: „Ich will dies und ich will jenes." Das Ego hatte die vollkommene Kontrolle: „Die Welt ist nur für mein Vergnügen da. Ich will mehr und mehr und mehr." Doch schließlich wird ein Sättigungspunkt erreicht und die Kinder werden wütend, weil sie mit derart vielen Optionen und Wahlmöglichkeiten nicht umgehen können.

Die innere Gier, die jedem Menschen zu eigen ist, führt

22

dazu, dass uns nach einer Weile nichts mehr befriedigt und wir bei nichts mehr ausreichend Vergnügen empfinden. Ist es nicht äußerst bemerkenswert, dass Heilige wie beispielsweise der Heilige Franz von Assisi sich in die genau entgegengesetzte Richtung wenden? Sie brauchen immer weniger, um glücklich, und immer weniger, um von Freude erfüllt zu sein. Sie erhöhen nicht ihren Einsatz, sondern verringern ihn: „Schon dies Wenige wird mich mit Freude erfüllen, auch dies Kleine wird mich glücklich machen."

Das Ego lässt sich nicht durch aktive Anstrengungen überwinden. Einen solchen Kampf würden wir aus egozentrischen Gründen führen und damit das Ego nur vergrößern. Jesus und Franziskus haben einen besseren Weg gelehrt: Wir müssen darauf achten, wie wir auf unsere natürlichen Niederlagen, Demütigungen und Misserfolge reagieren. Wollen wir umgehend die Kontrolle zurückgewinnen? Suchen wir nach Lob, Liebesbeweisen und Bestätigung, also nach einem sicheren Stand in der äußeren Welt? Meine Mutter hat mich eine andere Weisheit gelehrt. Wenn ich nach Hause kam und über irgendetwas weinte, sagte sie zu mir: „Das ist nicht so wichtig. Wichtig ist, wer du in Gottes Augen bist, und nicht, was du in den Augen der anderen Kinder auf dem Spielplatz bist." Meine Mutter hat mir gezeigt, nach innen statt nach außen zu gehen, um meine sozialen Bezugspunkte zu finden.

Das Evangelium

Den Weg von der ersten zur zweiten Lebenshälfte finden wir in der Regel nicht durch eigene Einsicht. Die meisten Menschen brauchen Mutter- oder Vaterfiguren, Mentoren oder Lehrer, die selbst die Freiheit, den Frieden, das

Selbstvertrauen und das Selbst-Gewahrsein der zweiten Lebenshälfte repräsentieren.

Der Weg zur zweiten Lebenshälfte wird dadurch erschwert, dass Erfolg in der ersten Lebenshälfte universell als wertvoll gilt und von nahezu jeder Kultur gefördert und belohnt wird. Warum also sollten wir uns weiterentwickeln?

Die erste Lebenshälfte ist bestimmt von Disziplin, harter Arbeit, Selbstkontrolle, Idealismus, Moral, Ehrgeiz, Erfolg und Patriotismus. Menschen mit diesen Tugenden sind äußerst produktive Arbeiter. Disziplin, also die Fähigkeit, zu sich selbst nein sagen zu können, ist besonders im Militär stark ausgeprägt. Soldaten sind dem Krieger-Archetyp zuzuordnen. Sie mögen gute Menschen sein, doch ihre Disziplin hat nicht das Geringste mit dem Evangelium zu tun. Offensichtlich scheinen viele jedoch vom Gegenteil überzeugt zu sein. Die meisten Menschen haben das Evangelium zu einer Siegerschrift umformuliert. Dieses Siegerevangelium gilt für Menschen, die pünktlich sind, die den Regeln folgen können, die alles richtig machen. Natürlich sorgen diese Werte für ein effizientes System. Doch wunderbarerweise ist das Evangelium eben kein Buch für Sieger.

Eine Siegerschrift ist nur etwas für Männer mit gegelten Haaren und hübsche Ballköniginnen, für die wenigen Menschen, die alles richtig machen und immer perfekt sind. Wir anderen sind weit abgeschlagen. Vielleicht gelingt es uns, dieser Erkenntnis bis zur Lebensmitte auszuweichen und uns für einen Gutmenschen zu halten, der besser ist als alle anderen, oder doch zumindest für jemanden, der das Gesetz befolgt und sich deshalb sehen lassen kann. Doch jeder Mensch, der durch Gottes Gnade aufrichtig in seine eigene Seele blickt, weiß, dass all das nur Fassade ist. Jeder Mensch, der durch Gottes Gnade aufrichtig in seine eigene Seele blickt, erkennt, dass er gebrochen ist wie alle anderen auch. Sogar das Beste, was Menschen tun, tun sie häufig aus den falschen Beweggründen, zumindest aus gemischten und meistens doch aus egoistischen Motiven.

Gesetzestreue braucht die Liebe Gottes nicht. Gesetzestreue wirkt anziehend auf Helden, sie ist Merkmal unseres Ehrgeizes, unseres guten Aussehens und unseres Wunschs nach Ansehen in der Welt. Die meisten Menschen bleiben hier stehen. Sie geben sich mit ihrem guten Ansehen und dem Erreichten zufrieden, so wie der reiche Jüngling (vgl. Matthäus 19,16-22). Doch Jesus will nicht, dass Menschen gut *aussehen,* sondern dass sie gut *sind.*

Das Gute ist so umfassend und so tief, dass es selbst das Böse in sich einschließen kann; es ist in der Lage, sein Gegenteil zu halten. Voltaires Ausspruch „Das Bessere ist der Feind des Guten" ist nur allzu wahr: Perfektionismus ist ein mathematisches, kein moralisches Konzept. Die einzige Perfektion, zu der Menschen fähig sind, ist die Vollkommenheit, sich selbst in Gott zu finden. Damit ist der Punkt des Übergangs bezeichnet, ab hier werden wir geführt.

Doch wenn Gott uns hinüberführen möchte, weigern wir uns wie Petrus, uns führen zu lassen (vgl. Johannes 21,18). Der Übergang wird sich anfühlen wie Sterben und Tod. Wenn das Weizenkorn jedoch nicht stirbt, bleibt es einfach nur ein Weizenkorn und bringt keine Frucht (vgl. Johannes 12,24). Es bleibt das winzige, eigenständige, getrennte überlegene Selbst.

Um Frucht zu bringen, müssen wir lernen, wie wir vor dem Tod sterben können. Das Sterben vor dem Tod ist Kennzeichen aller Initiationsriten, die ich kenne.[2] In die-

---

2 Vgl. unten ab S. 84.

sen Initiationsriten erfahren junge Männer gerade dann, wenn sie zum Erwachsenen werden, was es bedeutet, vor dem Tod zu sterben. Im Zentrum jedes Systems der Verwandlung steht die Wahrheit: Nur wenn wir loslassen, wer wir zu sein glauben, können wir werden, wer wir wirklich sind. Oder wie Paulus sagt: „Denn ihr seid gestorben und euer Leben ist mit Christus verborgen in Gott." (Kolosser 3,3)

Das Loslassen

Das Loslassen unseres Selbstbilds mit dem Ziel, zu werden, wer wir wirklich sind, ist mit einem Gefühl des Kontrollverlusts verbunden. Wenn wir keine Kontrolle mehr haben, wissen wir nur noch um die schlichte Tatsache unseres Seins. Das ist alles, was wir Gott geben können, denn es ist das Einzige, was wir haben. Erst in diesem Moment wird die Sprache des Neuen Testaments, die Sprache der Bergpredigt und die Sprache des Kreuzes wirklich verständlich. Vorher können weder Verstand noch Herz einen Sinn darin finden. Aus der Perspektive der ersten Lebenshälfte ist die Botschaft Jesu nur vorläufig zu verstehen.

Teenager sehen im Kreuz entweder etwas Heroisches oder sie tragen es als Schmuckstück um den Hals und zeigen damit, dass sie Christen sind. Das Kreuz wird zu einem Mitgliedsabzeichen, statt zu einer wirklichen Lebensaufgabe, für die die Worte stehen: Nimm das Kreuz auf dich.

Zur Sprache des Kreuzes finden Menschen frühestens mit 30 Zugang. Bemerkenswerterweise hat Jesus im Alter von ungefähr 30 Jahren sein Kreuz auf sich genommen. Die meisten Menschen vermeiden jedoch bis zu ihrem

50. oder 60. Lebensjahr, in der Sprache des Loslassens zu sprechen, in der Sprache der Hingabe, des Aufgebens von Kontrolle, der Reue oder Metanoia, also der Umkehr. Mit 18 können Menschen noch nicht umkehren, denn sie wissen ja noch nicht, wohin sie gehen wollen. Sie haben noch keinen Beruf erlernt, noch nicht geheiratet und Kinder aufgezogen. Sich diesen Aufgaben zu widmen fördert und prägt das eigene Selbst, die Identität und das Selbstbild.

Um jedoch zu werden, wer wir wirklich sind, müssen wir dieses Selbstbild aufgeben. Dazu bedarf es der Weisheit. Erst wenn wir zur Weisheit gekommen sind, können wir die Botschaft Jesu verstehen: alle Dinge lassen! Wir können nur lassen, was wir zuvor gefunden haben. Wir können nur weggeben, was wir haben. Wir müssen uns selbst kennen, bevor wir über uns hinausgehen können. Die erste Lebenshälfte ist also ein notwendiger Abschnitt auf dem Weg zur Weisheit und zum Loslassen.

Gott ist ein guter Gott und nimmt uns unser Gefäß des Lebens nur dann, wenn wir dazu bereit sind. Aber dieses Gefäß muss uns genommen werden, damit wir in die Hände des lebendigen Gottes fallen können. Dann wissen wir, wer wir wirklich sind.

Die Feindesliebe und das Böse

Warum ist die fundamentale Botschaft „Liebe deine Feinde" in der Geschichte des Christentums nie wirklich gelehrt und warum ist nicht Ernst gemacht worden mit der Feindesliebe? Das Prinzip der Feindesliebe hätte die meisten christlichen Staaten an ihrer Politik gehindert. Mit diesem Grundsatz lassen sich keine Kriege führen.

Die meisten Kulturen stehen immer noch auf dem Niveau der ersten Lebenshälfte, mit Sicherheit die amerikanische Kultur. Wenn ich Vorträge im Ausland halte, begegne ich immer wieder großer Reserviertheit gegenüber Amerika, seiner Mentalität und seinem Schwarz-Weiß-Denken. Nur Menschen in der ersten Lebenshälfte teilen in vollkommen gut und vollkommen böse ein und glauben, mit dem Ausmerzen des Bösen Probleme lösen zu können.

Die Botschaft Jesu ist eine völlig andere. Doch wir, die wir uns für Christen halten, haben diese Botschaft immer noch nicht begriffen oder glauben immer noch nicht daran. Nicht dass wir schlechte Menschen wären. Aber die meisten von uns sind spirituell noch nicht erwachsen. Wir leben immer noch nach dem Gesetz der Trennung, wie es in 3. Mose 16-25 formuliert ist: Trenne dich vom Bösen. Welche Ungeheuerlichkeit ist es demgegenüber, wenn Paulus schreibt, dass Jesus zur Sünde geworden ist (vgl. Römer 8,3; 2. Korinther 5,21). Jesus ist der Gebrochene und Unvollkommene geworden, er hat sich mit der Sünde der Welt solidarisiert. Nicht einen Moment lang hat er sich über die Sünde gestellt oder sich für etwas Besseres gehalten. Er hat das Böse in sich aufgenommen und nicht einen Augenblick geglaubt, es überwinden zu können. Die Grausamkeit des Bösen war es, durch die der Leib Jesu in der Kreuzigung zerstört worden ist.

Vor einiger Zeit habe ich in England vor anglikanischen Geistlichen über das Kreuz gesprochen. Ich suchte nach einer anschaulichen Möglichkeit, die Bedeutung des Kreuzes zu verdeutlichen. Während eines Spaziergangs entdeckte ich in einem Geschäft in einer kleinen Einkaufsstraße die berühmten drei Affen: nichts sagen, nichts hören, nichts sehen. Sofort erinnerte ich mich an meine Mutter, die uns mit den drei Affen rechte Moral gelehrt hatte: Sprich nichts Böses, höre nichts Böses, sieh nichts Böses. In dem Geschäft gehörte noch ein vierter Affe dazu, der seine Genitalien bedeckte. Ich kaufte die vier Affen und stellte sie nach meiner Rückkehr neben dem gekreuzigten Jesus auf. Dann bat ich die Geistlichen, sich die Frage zu stellen, welche Figuren für ihre moralische Überzeugung standen. Die meisten waren so ehrlich zuzugeben, dass ihre Strategie dem Verhalten der vier Affen entsprach.

Sprich nichts Böses, höre nichts Böses, sieh nichts Böses, tu nichts Böses. In welchem Kontrast dazu steht die Einsicht: Ich bin ein Komplize des Bösen in der Welt, ich habe vom Bösen in der Welt profitiert, ich muss das Böse in der Welt erleiden und ich muss mich mit dem Guten *und* dem Bösen in der Welt solidarisieren. Dagegen wehrt sich das Ego. Es will nicht mit Jesus zum Kreuz hinaufsteigen und dort hängen. Wir wollen uns keinesfalls wie ein nackt aufgehängter Mensch fühlen und alle Macht verlieren, so wie er keine Macht mehr hatte. Wir wollen die Gewissheit nicht verlieren, dass wir recht haben. Wir wollen nicht gezwungen sein zu sagen: „Vater, in deine Hände lege ich meinen Geist" (Lukas 23,46). Wir wollen niemals an den Punkt kommen, an dem wir nicht mehr weiterwissen und nichts mehr verstehen.

Die Fünf Gebote

Echte Vergebung allein aus der Macht des Willens und der Moral der ersten Lebenshälfte ist kaum möglich. Wenn Menschen uns wirklich betrogen und uns wirklich geschadet haben, sich von uns getrennt oder uns abgelehnt haben, meinen wir, unseren Schmerz darüber niemals überwinden zu können. Unser kleines Selbst kann nicht allein aus Willenskraft vergeben. Für echte Vergebung müssen wir uns an den Ort des Geistes begeben, wo nicht

Willenskraft, sondern Bereitschaft zählt, wo ein anderer Wille, eine andere Gnade, ein anderer Geist durch uns und mit uns und in uns handelt. Dann können wir auf einmal vergeben – fast ungeachtet unserer selbst. Diesen Ort des Geistes meint Jesus, wenn er von der Unsinnigkeit spricht, Macht, Prestige und Statussymbole zu erstreben.

Natürlich legen Menschen zu Beginn ihrer beruflichen Laufbahn Wert auf Titel und Diplome. Mir ist es nicht anders ergangen. Wenn aber ein Mensch auch in der zweiten Lebenshälfte noch immer Statussymbole, Prestige und Anerkennung braucht, um sich wichtig zu fühlen, ist er unterwegs stehen geblieben. Er hat sich nicht auf die innere Reise begeben und ist dem Heiligen noch nicht begegnet, das ihn als geliebte Tochter oder als geliebten Sohn gerufen hat. Wer diesen Ruf vernommen hat, weiß, dass er auserwählt ist, und braucht keine äußeren Symbole mehr, die ihm sagen, dass er auserwählt, etwas Besonderes oder geliebt ist.

Das Gebot, keinen Besitz anzusammeln, ist in der Kirche fast ungehört verhallt. Dass wir die Botschaft Jesu äußerst selektiv lesen, hat mit der Moral der ersten Lebenshälfte zu tun. Solange wir die Seele noch nicht gefunden haben, brauchen wir noch dinglichen Besitz. Ohnehin lassen sich aus der Motivation der ersten Lebenshälfte heraus nicht alle Gebote halten. Fünf der Zehn Gebote können wir wohl mit Willenskraft befolgen, nämlich den Namen Gottes nicht zu missbrauchen bzw. nicht zu fluchen, das Eigentum anderer zu achten, also nicht zu stehlen, nicht zu morden, die Ehe nicht zu brechen und kein falsches Zeugnis zu geben. Die anderen fünf Gebote jedoch können wir ohne Gnade, Freiheit, Weisheit und die Verbundenheit mit Gott, die in der zweiten Lebenshälfte möglich werden, nicht wirklich befolgen.

„Du sollst keine fremden Götter haben neben mir"

– dazu sind wir aus eigener Kraft nicht fähig. Im Lauf unseres Lebens begegnen wir zwangsläufig zahlreichen falschen Göttern, Göttern, die wir zum Teil selbst erschaffen und verehren. Dazu zählen unser eigener Ruf, unsere Arbeit, unsere Familie und unsere Ehe. All das kann zu unserem zentralen Bezugspunkt werden. Eine Zeitlang ist das in Ordnung, aber auf lange Sicht oder gar auf unserer gesamten spirituellen Reise bringt es uns jedoch nicht weiter.

„Gedenke, dass du den Sabbat heiligst" ruft uns zu dem, was wir heute als Kontemplation bezeichnen. Den Sabbat zu heiligen bedeutet, nicht produktiv zu sein und etwas zu leisten, sondern Gott zu erlauben, etwas für uns zu tun. Einen Tag in empfangender Haltung zu leben, anstatt in der Rolle des Leistenden gehört wahrscheinlich viel mehr zur Moral der zweiten Lebenshälfte.

In die zweite Lebenshälfte gehört auch, Vater und Mutter wirklich zu ehren, sie wirklich zu respektieren. Wir alle erleben eine Zeit, in der wir vor allem die Fehler unserer Eltern sehen und sie ablehnen. Aber meist geschieht im letzten Drittel des Lebens etwas Wunderbares: Endlich erkennen wir all das an, was sie richtig gemacht haben, und spüren dankbar, was sie uns gegeben haben. Die Ursache dafür ist schlicht, dass wir in der zweiten Hälfte oder im letzten Drittel des Lebens stehen.

Nicht zu begehren bedeutet, Eifersucht wirklich hinter sich zu lassen. Ich brauche dieses schöne Haus nicht, um glücklich zu sein. Ich brauche dieses neue Auto nicht zu meinem Glück. Dieses Gebot wird wohl am häufigsten gebrochen. Seine Missachtung ist weithin geduldet oder sogar akzeptiert und wird mit einem allbekannten Begriff bezeichnet: Kapitalismus. Ganze Werbeindustrien haben nur ein Ziel, nämlich die Begierde zu wecken nach Dingen, die Menschen überhaupt nicht brauchen. Zum Gebot, nicht neidisch zu sein, gehört auch, den Sexualpartner eines anderen nicht zu begehren.

Eifersucht und Neid können wir erst hinter uns lassen, wenn wir die wahre Freiheit, unsere Identität, unsere Energie und unser inneres Leben kennen und nicht länger versuchen, unser Glück woanders zu finden. Wenn Menschen zu dieser Einstellung kommen, dann ist das zum großen Teil ein Werk Gottes.

Normalerweise bewegen wir uns aus der angenehmen Sicherheit von Gesetz und Ordnung nicht heraus. Dies geschieht erst, wenn unser bislang alles bestimmendes Ego destabilisiert wird. Es ist demütigend, wenn wir unsere eigenen Fehler und unsere Inkompetenz erkennen und mit uns hadern: „Warum nur habe ich das getan?" Selbsthass, Scham, Schuld und Angst lassen sich irgendwann nicht mehr verdrängen. Wie gut, wenn wir dann eine starke Hand spüren und einen weisen und heiligen Menschen an unserer Seite haben, der uns hält.

Demütigung und Scham

In der Regel erleidet unser Ego irgendwann in unserem Leben eine destabilisierende Demütigung, durch die es vom Thron seines dualistischen Geistes geworfen wird, der nur die Kategorien „Entweder-Oder" und „Schwarz-Weiß" kennt. Vor einiger Zeit suchte eine Frau meinen Rat. Sie war gut katholisch und versuchte, den Geboten gemäß zu leben. Sie hatte herausgefunden, dass ihre über alles geliebte Tochter lesbisch war, und war völlig verzweifelt: „Was soll ich tun? Ich kann sie doch nicht hassen oder ihr etwas Schlechtes unterstellen. In vielem ist sie so viel großzügiger als ich." Es war äußerst demütigend für die Frau, zur Homosexualität ihrer Tochter zu stehen und ihren Freunden davon zu erzählen, obwohl sie es schließlich fertigbrachte. Dieses Ereignis war für diese Frau ein Übergangserlebnis. Der dualistische, simplifizierende Geist hatte versagt. „Denn unser Wissen ist Stückwerk und unser prophetisches Reden ist Stückwerk." (1. Korinther 13,9)

Das Versagen des Wissens oder des auch mit aller Kraft nicht mehr aufrecht zu erhaltenden Willens lässt sich nicht auf abstrakter, intellektueller, theologischer oder theoretischer Ebene erfahren, sondern nur in persönlicher Betroffenheit. Wir erfahren die Grenze erst, wenn es – wie bei der Frau – um unsere Tochter geht oder um einen Fehler, den wir gemacht haben, oder eine Sünde, die wir begangen haben. An diesem Punkt helfen die alten Antworten nicht mehr weiter. Entweder fallen wir jetzt in die Hände des lebendigen Gottes oder wir kehren um und gehen zurück.

Wenn ein Mensch, dessen Ego nicht gewinnen kann und sich nicht mehr gut, alles kontrollierend, überlegen und im Recht fühlt, nach spiritueller Orientierung sucht, ist er trotz seiner Trauer und Verunsicherung auf einem guten Weg. Wenn dagegen Menschen – bevorzugt heterosexuelle weiße Paare der Mittelklasse mit Universitätsabschluss, mit wohl gefülltem Bankkonto, Haus mit Garten und zwei Kindern – jeden Sonntag zur Messe gehen, alle Gebote halten und meinen, damit seien sie auf einem guten spirituellen Weg, unterliegen sie einem Trugschluss. Was anderes suchen sie als Selbstbestätigung, ein sanftes Evangelium, ein bisschen geistige Nahrung wie Milch für ein Baby? Eigentlich wären sie reif für feste Speise und es wäre an der Zeit, sich in die Hände des lebendigen Gottes fallen zu lassen, aber meist sind sie nicht bereit.

Doch was kann die Bereitschaft wecken, die Kontrolle loszulassen? Wenn wir dem Heiligen noch nicht begegnet sind, wenn wir noch niemanden getroffen haben, dem wir wirklich vertrauen können, wenn wir noch niemandem begegnet sind, der uns mehr liebt, als wir uns selbst lieben, der mehr wir ist als wir selbst – für wen wollen wir dann loslassen? In säkularen Kulturen besteht kaum Gelegenheit, authentische religiöse Erfahrungen zu machen. Stattdessen gewinnt die Kontrolle immer größere Bedeutung: „Ich muss alles richtig machen. Ich muss dies wieder in Ordnung bringen. Ich muss das reparieren. Ich muss jenes in Angriff nehmen." Diese Einstellung fördert unsere Egozentrik und verhindert unsere Bereitschaft zu Nähe, Verbundenheit und zu dem geheimnisvollen und wunderbaren Erleben, das Vertrauen oder Glaube heißt.

Die tief verwurzelte Scham, die wir an diesem Punkt erfahren, rührt von all den frühen autoritären Stimmen und der Religion her. Sie haben uns immer wieder eingeflüstert, dass wir recht haben, erlöst und überlegen sind. Wenn wir nun einen Teil der Last unseres eigenen Gewissens tragen müssen, fühlen wir Schuld und dadurch entsteht zwangsläufig Angst. Kein Papst oder Priester ist zur Stelle, um uns zu bestätigen. Es bleibt uns nichts, als nackt vor Gott zu treten und ihm das Einzige zu geben, was wir haben: uns selbst.

Da wir nicht sicher sein können, im Recht zu sein, bleibt uns nur zu vertrauen. Wenn wir nie gelernt haben, dass die dann aufkommende ziellose, irrationale Angst ein Dämon ist, und wenn wir nicht wissen, wie wir verhindern können, dass uns die Angst kontrolliert, gewinnt die Angst die Oberhand. Nur wenn wir Struktur und Formen der Angst verstehen lernen, verliert sie ihre teuflische Macht über uns und wir können sie Gott übergeben. An diesem Punkt sind wir oft einsam. Nicht viele Menschen sind ebenfalls an diesem Ort und können uns beistehen. Deshalb ist der Glaube so selten und deshalb sind wir im Glauben oft so einsam.

Vertrauen lässt sich durch das Gebet stärken. Zugleich ist es ein Mittel gegen die Scham. Alle Religionen praktizieren auf ihren höheren Ebenen sich wiederholende Gebete, der Katholizismus beispielsweise den Rosenkranz. Durch die Wiederholung eines Gebets, eines Satzes, wie zum Beispiel im Herzensgebet, oder eines Mantras wird das Denken verlangsamt. Unterstützend wirkt das Beobachten des Atems. Gebets- und Atemübungen verändern nicht nur den Verstand, sondern schließlich das Bewusstsein selbst und wir können die Wirklichkeit nondualistisch sehen und müssen das Negative nicht länger ausblenden. Wir lassen die Wirklichkeit zu, wie sie ist, wir verhandeln nicht länger mit dem Augenblick und hören auf, zu urteilen, zu analysieren, zu kritisieren und zu erklären.

Fast alle Menschen leiden an einer Sucht und sind von etwas abhängig, meist jedoch gar nicht von Drogen, Alkohol, Sex oder Essen, wie wir glauben mögen. Die am weitesten verbreitete Abhängigkeit ist vielmehr die Abhängigkeit von unseren Denkmustern. Der Rosenkranz, jede bewusste Form von Zeit in der Stille, jede Atemübung oder auch das bewusste Loslassen unserer Negativität, unserer Urteile, Ängste und geschlechtsspezifischer Fixierungen können hilfreiche Übungen gegen diese Abhängigkeit sein. Negative Tendenzen sind Teil von uns, doch wenn wir sie bewusst loslassen, entdecken wir eine neue Perspektive und sehen mit anderen Augen. Diese Erfahrung ist kein Dauerzustand; wir können sie nicht herstellen, sondern nur begünstigen und darauf vertrauen, dass Gott uns diese Gnade zuteilwerden lässt. Dann ist wirklich der Heilige Geist in uns, der durch uns hindurchsieht, der für uns und mit uns sieht. Dann ist es fast so, als ob wir das Leben mit Augen betrachten, die nicht die Unsrigen sind, als würden nicht wir sehen, sondern jemand für uns, mit uns und in uns.

Für die zweite Lebenshälfte ist die Fähigkeit charakteristisch, mit dem Paradoxon und mit dem Geheimnis zu leben. Aus irgendeinem Grund müssen wir für unser Glück nicht mehr den Durchblick haben und nicht mehr warten, bis der Staub sich gelegt hat. Es ist nicht mehr wichtig, dass wir auf alle Fragen eine Antwort finden. Wir sind in der Lage zu wissen, fühlen uns aber auch im Nichtwissen beheimatet. Diese Einstellung wird durch das Wort „Glaube" bezeichnet. Wir können in der Freiheit des Nichtwissens leben, weil Gott der Wissende ist, weil jemand anderes weiß. Haben wir nicht alle schon Menschen in der zweiten Lebenshälfte getroffen, die das bestätigen? Menschen, die damit ausgesöhnt sind, dass sie mit etwas nicht völlig im Einklang sind und es nicht vollkommen verstehen, bis Gott sie verstehen lässt, und die dennoch für den Moment glücklich sind? Vielleicht handeln deshalb zwei Drittel der Botschaft Jesu direkt oder indirekt von Versöhnung und Vergebung. Vergebung ist die zentrale Weisheit der zweiten Lebenshälfte.

Versöhnung ist eine vergebende Haltung gegenüber der Wirklichkeit. Das bedeutet nicht, alle Grenzen und alle Gesetze hinter sich zu lassen. Es geht nicht um ein Entweder-Oder wie im Gesetzesverständnis der ersten Lebenshälfte, sondern um ein Sowohl-als-auch. Menschen in der zweiten Lebenshälfte erkennen die Bedeutung des Gesetzes auf neue Art. Heute verstehe ich beispielsweise sehr viel besser als früher, warum die Kirche Sex vor der Ehe ablehnt. Die Auswirkungen wahlloser sexueller Kontakte auf die Psyche sind verheerend. Wer in unreifen sexuellen Erfahrungen Liebe sieht, verwechselt sie mit Lust. Zu wahrer körperlicher Liebe gehört emotionale Reife und deshalb haben sich alle religiöse Traditionen gegen unverbindliche Sexualität ausgesprochen. Es handelt sich schlicht um ein grundlegendes Gesetz, für das ich selbst vor 17-Jährigen eintreten würde, wenn ich auch die gerade ausgeführten Hintergründe aussparen würde, weil den jungen Menschen noch die Fähigkeit fehlt, sie zu verstehen.

Die wahre Bedeutung des Evangeliums besteht darin, dass es keine Schrift für Sieger ist, sondern eine Botschaft für Verlierer. Das Evangelium erlaubt uns, unsere Fehler zu sehen. Es mag überraschen, aber wir kommen nicht zu Gott, indem wir alles richtig machen, sondern dadurch, dass wir Fehler begehen. Im Matthäusevangelium sagt Jesus: „Ich bin gekommen, die Sünder zu rufen und nicht die Gerechten." (Matthäus 9,13; vgl. Markus 2,17; Lukas 5,32) Jesus ist nicht gekommen, um eine kleine Gruppe von Eingeweihten zu beschützen, ihnen Sicherheit zu geben und dafür zu sorgen, dass sie sich umsorgt fühlen. In Lukas 15,7 heißt es: „Im Himmel wird mehr Freude herrschen über einen einzigen Sünder, der umkehrt, als über neunundneunzig Gerechte, die es nicht nötig haben umzukehren." Über die Geistlichen in den meisten institutionellen Religionen wird wohl keine größere Freude herrschen, denn neunundneunzig von ihnen gehören zu diesen Neunundneunzig, die sich selbst zu ihrer Gerechtigkeit gratulieren.

Im Himmel herrscht mehr Freude über den Einen als über die Neunundneunzig mit ihrer Einstellung: Wir wollen die Neunundneunzig zusammenhalten und uns um das Zugehörigkeitssystem für die Neunundneunzig kümmern. Natürlich hat auch das seine Richtigkeit, denn wohl die meisten von uns sind in gewisser Weise unter diesen Neunundneunzig. Doch irgendwo in unserem Leben sind wir nicht Teil der Mehrheit.

Irgendwo in seinem Leben ist jeder Mensch auch ein

Verlierer, ein Sünder, ein Lügner und Betrüger. Irgendwann im Leben hat jeder Mensch das Gesetz gebrochen. An diesem Ort der Verwundung können wir aus unserer Egozentrik herauskommen und Gott kann eintreten.

Wirklich in der zweiten Lebenshälfte angekommene Menschen ruhen meist in sich selbst. Sie sind gegründet in dem, was sie wissen, sind sich aber auch darüber im Klaren, was sie nicht wissen. Nichtwissen zuzugeben fällt besonders Politikern sehr schwer. Vermutlich fehlt ihnen sehr häufig sogar das Wissen um ihr Nichtwissen. Unreife Politiker auf dem Stand der ersten Lebenshälfte handeln aus einer gefährlichen Arroganz, die unsere Welt Tag für Tag mehr zerstört. Das fehlende Bewusstsein für den Rest der Welt ist eine beständige Gefahr. Gerade die mächtigen Staaten dieser Welt stehen in der Verantwortung, ein ganzheitliches Wissen zu entwickeln, das neben dem Wissen auch ein Bewusstsein über das Nichtwissen umfasst.

Neben dem Ruhen in sich selbst prägt viele Menschen in der zweiten Lebenshälfte eine Art Unbeschwertheit, eine Art Abstand, eine Art Demut, eine Art Freisein von Sorgen. Der Nobelpreisträger T. S. Eliot (1888–1965) formuliert: „Gott lehrt uns, uns zu sorgen und uns nicht zu sorgen." Menschen, die das gelernt haben, sorgen sich intensiv, aber sie nehmen das Leben auch leicht. Sie sind keine Fanatiker, sondern wissen um die Demut, die ihr Wissen umgeben muss.

Demut oder Verwundbarkeit ist die Bereitschaft herauszufinden, dass wir vielleicht im Unrecht waren und dass andere Menschen uns verändern können. Doch geben wir unserem Gegenüber überhaupt eine Möglichkeit, uns zu berühren und uns zu einem neuen Nachdenken zu bringen? Wie oft begegnen wir anderen in einer Haltung der Verhärtung und Unzugänglichkeit und stecken sie in irgendeine Schublade.

In den Heiligen und Weisen entdecke ich etwas, was ich auch aus meinem eigenen Leben kenne: In der Stille vertrauen sie zutiefst auf sich selbst und wissen, wer sie sind. Sie müssen sich nicht verteidigen oder übermäßig schützen oder sich anderen gegenüber bestätigen. Sie müssen nichts beweisen mit dem Ziel, sich selbst zu bestätigen und ihre eigene Angst zu bewältigen. Sie wissen, dass die Wahrheit für sich selbst sorgen wird. Sie versuchen einfach, die Wahrheit zu *sein,* statt nur mit Worten über die Wahrheit zu sprechen. Der Heilige Franzis von Assisi hat gelehrt: „Predige jederzeit das Evangelium, aber benutze Worte nur dann, wenn es unbedingt nötig ist."

Es geht in der Tat nicht um Worte, sondern darum, in der Welt gegenwärtig zu sein. Es geht um pure Präsenz,[3] eine Form der Offenheit für die Wirklichkeit, die Gott und andere Menschen einlässt und uns Freiheit gibt.

Es ist wichtig, dass jeder Mensch seinen eigenen spirituellen Weg geht und seine eigenen Erfahrungen macht. Nur wenn unsere eigenen Erfahrungen mit den Botschaften spiritueller Lehrerinnen und Lehrer zusammenstimmen und zu den großen Traditionen und der Orthodoxie passen, haben diese Botschaften und die Tradition einen wirklichen Wert für uns. Jesus spricht zu Petrus: „Als du noch jung warst, hast du dich selbst gegürtet und konntest gehen, wohin du wolltest. Wenn du aber alt geworden bist, wirst du deine Hände ausstrecken und ein anderer wird dich gürten und dich führen, wohin du nicht willst." (Johannes 21,18) „Du wirst deine Hände ausstrecken" – Eltern werden dieses wunderschöne Bild verstehen: Die kleinen Zweijährigen tun es, damit ihre Eltern sie anziehen können. „Ein anderer wird dich gürten" – vielleicht

---

3 Vgl. Richard Rohr, Pure Präsenz. Sehen lernen wie die Mystiker, Claudius Verlag, München ²2011.

dachte Jesus bei dieser Formulierung im Zusammenhang mit dem Ausstrecken der Hände an die Geste des Kreuzes.

Wir werden geführt, wohin wir nicht wollen. Wahrhaft erstaunlich aber ist, dass dies unser eigentliches Ziel ist, dass wir wirklich genau dorthin gelangen wollten, ohne es zu wissen.

Der kleine Weg:
Eine Spiritualität der
Unvollkommenheit

Wie kaum eine andere Heilige steht die Karmeliternonne Thérèse von Lisieux (1873–1897) für die Grundaussage der christlichen Tradition: die Spiritualität der Unvollkommenheit. In der Geschichte des Christentums war diese Spiritualität der Unvollkommenheit stets ein „Subtext", eine verborgene Botschaft. Nachdem sich das Christentum unter Kaiser Konstantin im Jahre 341 mit dem Römischen Imperium eingelassen hatte, lebte das wahre Evangelium im Verborgenen. Dies war einer der Gründe, weshalb sich die Wüstenväter und -mütter im 4. Jahrhundert in die Wüsten Ägyptens zurückzogen; was in Rom geschah, hatte für sie wenig mit der Lehre Jesu zu tun. Durch die Verbindung mit dem Römischen Reich wurde aus dem Evangelium sehr schnell eine Spiritualität der Vollkommenheit, der Leistung, der Ergebnisse, des Erreichens, der Willenskraft. In der Kirche werden diese historischen Zusammenhänge und die daraus resultierenden Kompromisse jedoch kaum gesehen.

In diesem Kapitel stelle ich dieser in der Kirche weithin praktizierten Spiritualität der Vollkommenheit eine Spiritualität der Unvollkommenheit gegenüber, die übrigens im Zwölf-Schritte-Programm der Anonymen Alkoholiker im 20. Jahrhundert zu neuer Aktualität gelangt ist. Im Zentrum steht ein großes Wort, mit dem jedoch viele Menschen Schwierigkeiten haben: Machtlosigkeit.

Das Gleichnis vom Pharisäer und vom Zöllner oder: Die Menschen am Rand

Das Gleichnis vom Pharisäer und vom Zöllner (Lukas 18,9-14) war Thérèse besonders lieb. Auf den ersten Blick scheint es nicht sonderlich bedeutsam. Doch gerade in den Gleichnissen findet sich die zentrale Botschaft Jesu. Gleichnisse sind dem dualistischen Denken nicht zugänglich. In vieler Hinsicht ähneln sie konfuzianischen Rätseln und Zen-Koans, die den linearen rationalen Verstand zu überwinden suchen, der nur zu einfachem Entweder-oder-Denken fähig ist.

In diesem Gleichnis lehrt Jesus auf scheinbar dualistische Weise; ich sehe in diesem Gleichnis eher den Ausdruck einer Dialektik. In seinen Gleichnissen verwendet Jesus Beispiele aus seiner eigenen jüdischen Kultur und seiner Zeit und aus diesen Zusammenhängen heraus müssen sie gelesen werden. Die in christlichem Verständnis durchweg negativ angesehenen Pharisäer waren in Wahrheit stets um das Gute bemühte Menschen, die versuchten, sich an das Gesetz zu halten und das Richtige zu tun – ganz wie heute die guten Katholiken, die regelmäßig in die Kirche gehen, und die immer bibeltreuen Protestanten. In dem Gleichnis beschreibt Jesus den Gegensatz zwischen einer Spiritualität der Vollkommenheit und einer Spiritualität der Unvollkommenheit:

„Einigen, die von ihrer eigenen Gerechtigkeit überzeugt waren und die anderen verachteten, erzählte Jesus dieses Beispiel: Zwei Männer gingen zum Tempel hinauf, um zu beten; der eine war ein Pharisäer, der andere ein Zöllner." Nach allgemeiner Sicht ist der Pharisäer der Gute und der Zöllner der Böse, der mit dem Römischen Imperium kollaboriert und in seiner Funktion als römischer Zolleintreiber seine jüdischen Mitbürger zu seinen eigenen Gunsten übervorteilt. Deshalb galten die Pharisäer als angesehen, die Zöllner wurden verachtet. Doch wie immer stellt Jesus mit seiner nondualen Denkweise alles auf den Kopf: „Der Pharisäer stellte sich hin und sprach leise dieses Gebet: Gott, ich danke dir, dass ich nicht wie die anderen Menschen bin, die Räuber, Betrüger, Ehebrecher oder auch wie dieser Zöllner dort. Ich faste zweimal in der Woche und gebe dem Tempel den zehnten Teil meines ganzen Einkommens." Wohl kaum ein Mensch tut seine spirituellen Verdienste so offen kund, doch wir fühlen sie innerlich: Ich bin ein guter Mensch, ich stehle nicht, ich lüge nicht, ich betrüge nicht. Wir alle haben uns ein solches Selbstbild der Überlegenheit geschaffen, wir alle wissen, warum wir im Recht und warum wir gut sind. „Der Zöllner aber blieb ganz hinten stehen und wagte nicht einmal, seine Augen zum Himmel zu erheben, sondern schlug sich an die Brust und betete: Gott, sei mir Sünder gnädig! Ich sage euch: Dieser kehrte als Gerechter nach Hause zurück, der andere nicht. Denn wer sich selbst erhöht, wird erniedrigt, wer sich aber selbst erniedrigt, wird erhöht werden."

Das ist eine komplette Umdeutung der gängigen Religion. Denken nicht nahezu alle Menschen, dass es auch in der Religion um Leistung, um Verdienste, Ergebnisse und Vollkommenheit geht, also um ein Sieger-Verlierer-Szenario, in dem die Guten gewinnen? Ironischerweise verlieren in einem Sieger-Verlierer-Szenario aber letztlich alle.

In allen Tragödien der klassischen Weltliteratur sind die zunächst siegreichen Helden schließlich doch zum Scheitern verurteilt. Warum also sehen wir nicht, dass Macht-

und Konkurrenzspiele nicht funktionieren? Auch die frohe Botschaft, das Evangelium, sagt im Kern, dass Gottes Werk immer den Ausgestoßenen gilt. Gott entscheidet sich für das versklavte Volk in Ägypten. Diese Gewissheit der Zuwendung Gottes ist zentrale Grundlage des Judentums. Leider ist mit der Zeit auch im Judentum die Einsicht verlorengegangen, dass die Bibel keine Siegerschrift ist, sondern ein Buch für Verlierer. Wenn wir uns wie die etablierten Religionen fast durchgängig gegen diese Sichtweise sträuben bzw. sie verdrängen, dann deswegen, weil wir immer noch in unserem falschen Selbst gefangen sind. Doch die Bibel ist der Gegenentwurf: Anders als in all den Sieger-Verlierer-Szenarien, in denen letztlich alle verlieren, beschreibt die den Verlierern geltende Bibel ein Szenario, in dem letztlich alle gewinnen.

Mit Sicherheit hat auch der Heilige Franz von Assisi (1181/82–1226) die Spiritualität der Unvollkommenheit verstanden. Er wollte die Flicken an der Außenseite seines Gewandes tragen, damit jeder auf das zerrissene Innere schließen konnte. Er erkannte, dass jede Tradition in der Gefahr steht, um des eigenen Ansehens willen Teil des Systems zu werden. Wenige sind dieser Gefahr nicht erlegen. Sie haben eine alternative Position am Rand der Tradition eingenommen, so wie auch Thérèse von Lisieux.

Der innere Sinn

Thérèses Autobiografie *Geschichte einer Seele* wurde in alle wichtigen Sprachen der Welt übersetzt. Thérèse war ein einfaches französisches Mädchen ohne Schulbildung. Dennoch wurde ihr der Titel Kirchenlehrerin verliehen. Die Lehre von Kirchenlehrerinnen und -lehrern gilt als vollkommen zuverlässig, man kann ihr zutiefst vertrauen.

Die Heiligsprechungskommission in Rom war sich wohl nicht im Klaren, welche Sprengkraft die Worte dieser kleinen französischen Karmeliternonne wirklich bergen. Doch wer sich näher mit ihren Aussagen beschäftigt, erkennt, dass sie nicht den Schriften der orthodoxen Tradition entsprechen.

Thérèse spricht von ihrem „kleinen Weg". Die Kirche lehrt zumeist den großen Weg, den Weg der Vollkommenheit, der Ergebnisse, der Macht, den Weg unserer spirituellen Verdienste. Unter dieser offiziellen Lehre gibt es jedoch eine verborgene Botschaft, den „Subtext". Diese verborgene Botschaft lässt sich schon in der jüdischen Tradition finden: der kleine Weg. Gott wählt die Ausgestoßenen, die Versklavten, die Unfruchtbaren, die Gemiedenen. Im 5. Buch Mose heißt es in seltener Klarheit: „Nicht weil ihr zahlreicher als die anderen Völker wäret, hat euch der Herr ins Herz geschlossen und ausgewählt; ihr seid das kleinste unter allen Völkern." (5. Mose 7,7) Da ist der „Subtext", gleich am Anfang: Schon in der Thora findet sich ein verborgener Inhalt, ein innerer Same, vor allem in 1., 2. und 5. Mose.

Nur wenn wir die Anhaltspunkte der verborgenen Botschaft miteinander verbinden, erkennen wir eine Kontinuität. Bei der Interpretation der Bibel geht es meiner Überzeugung nach darum, die Anhaltspunkte miteinander in Beziehung zu setzen und der Richtung des Textes zu folgen. Die fundamentalistische Bibelauslegung geht völlig anders vor: Sie bedient sich selektiv ausgewählter Textstellen, die unsere kulturellen Vorurteile und emotionalen Vorlieben bestätigen. Mit einer aus dem Zusammenhang gerissenen Aussage aber lässt sich alles beweisen. Doch nur wenn wir lernen, die Anhaltspunkte miteinander zu verbinden und den inneren Sinn zu verstehen, wird die Dimension der Entwicklung sichtbar. Diese Entwicklung aber ist entscheidend. Das lässt sich auch an Jesus ablesen, der für die besten Elemente des Judentums steht.

Ich halte das Judentum für eine archetypische Religion. Sie versteht – wenn wir für einen Moment von Religionen als aktiv Handelnden sprechen wollen – die Essenz genau richtig und verhält sich dennoch vollkommen falsch. Beides spiegelt sich in ihrer Heiligen Schrift wider. Der Katholizismus hat in dieser Hinsicht das Judentum perfekt imitiert, er macht alles wunderbar richtig und zugleich entsetzlich falsch. Und im weiteren Fortgang hat dann der Protestantismus den Katholizismus perfekt nachgeahmt. Auch er sieht die Essenz, etwa in der Erkenntnis Luthers von der Rechtfertigung aus Gnade. Und wie wichtig wird dennoch die Gesetzestreue in den reformatorischen Kirchen genommen, mindestens ebenso wichtig wie im Katholizismus und im Judentum.

Wenn wir auf unserem inneren Weg nicht weitergehen, gelangen wir nicht zu der verborgenen Botschaft, der wirklichen Botschaft, die ich als die Spiritualität der Unvollkommenheit und der Machtlosigkeit bezeichne. In der Zwölf-Schritte-Spiritualität findet diese Spiritualität der Unvollkommenheit aktuellen Ausdruck. Der erste Schritt, der Ausgangspunkt, besteht darin, unsere Machtlosigkeit zuzugeben. Der Zöllner bekennt diese Machtlosigkeit. Und deshalb sagt Jesus von ihm: „Dieser kehrte als Gerechter nach Hause zurück." Der Pharisäer jedoch, der alle Kriterien des Gesetzes erfüllt und alles richtig gemacht hat, ist so von sich selbst erfüllt, dass er keinen Raum für Gott in sich hat.

Die Machtlosigkeit

Unvollkommenheit ist das Grundprinzip der gesamten menschlichen und spirituellen Entwicklung. Unvollkommenheit wird in den großen religiösen Traditionen zwar toleriert und entschuldigt (in Wirklichkeit also doch als negativ und allenfalls als entschuldbar angesehen) und führt ein bescheidenes Dasein am Rande. Doch mehrheitlich setzen die großen Religionen auf die Vollkommenheit.

Gott wird erkennbar in den Dimensionen von Beziehung und durch Beziehung ruft er uns in die Einheit. Eine Einheit zweier Vollkommenheiten ist jedoch nicht möglich. Das wäre so, als würde man versuchen, zwei Ballons zusammenzufügen. Sie sind beide in sich geschlossen und ganz, sie brauchen einander nicht. Nur Unvollkommenheit und Vollkommenheit können einander wirklich begegnen. Deshalb bezeichnen die Anonymen Alkoholiker den Ausgangspunkt zutreffend als das „Loch in der Seele".

Diese Wunde, der tragische Fehler steht sowohl in den antiken griechischen Tragödien als auch in Shakespeares Dramen im Zentrum. In Anlehnung an Augustinus (354–430) haben wir dafür ein wenig glückliches Wort gewählt: *Erbsünde.* Viele Menschen lehnen diesen Begriff ab, denn mit Sünde werden Fehler, Unreinheiten und alles assoziiert, was wir falsch gemacht haben. Doch das meint Erbsünde nicht, sie bezeichnet das genaue Gegenteil.

Erbsünde bezeichnet den tragischen Riss im Gefäß, die Tragik, deren Erkenntnis im Mittelpunkt der griechischen Tragödie und der Dramen Shakespeares steht. Aus einer Spiritualität der Unvollkommenheit heraus sehende Menschen sind von dieser Tragik nicht überrascht oder schockiert und sie benutzen die Religion nicht, um diesen Fehler zuzudecken oder vorzugeben, es gäbe ihn überhaupt nicht. Stattdessen trauern und weinen sie darüber.

Dieses Trauern und Weinen entspricht dem ersten Schritt der Machtlosigkeit; es unterscheidet sich grundlegend von Kontrolle, Wieder-in-Ordnung-Bringen oder Verstehen. Deshalb können wir es auch als Glaube bezeichnen. Der Logik ist diese Einsicht nicht zugänglich, sie passt nicht in ein Universum, in dem zwei plus zwei gleich vier ist. Der Buddhismus spricht in diesem Zusammenhang vom großen Mitgefühl.

Ein weiterer Ausdruck für diesen ersten Schritt ist die Einsicht: „Es ist, wie es ist." Durch diese Einsicht können wir lernen, im Inneren des Schmerzes, im Inneren des Geheimnisses zu leben. Es ist, wie es ist. Wenn wir im Geiste einer Spiritualität der Leistung und Vollkommenheit erzogen worden sind, wird es uns sehr schwer fallen, solche Worte zu sprechen, selbst auf dem Sterbebett. Wie vielen Menschen bin ich begegnet, die niemals akzeptieren konnten, dass es ist, wie es ist. Und wie viele von ihnen müssen in ihrer letzten Lebensstunde all ihre Hausaufgaben machen. Wie traurig!

Scheinbar haben sie ein Leben lang an den Gekreuzigten geglaubt, doch seine Botschaft haben sie nicht wirklich verstanden. Mit dem Nackten und Verwundeten können sie nichts anfangen. Ihr dualistischer Verstand deutet die Kreuzigung zu einer Theorie der stellvertretenden Buße oder des Sühnopfers um, nach der das Blut Jesu notwendig ist, um Gott umzustimmen und ihn dazu zu bewegen, die Welt zu lieben. Welch absurdes Glaubenssystem! Wir Franziskaner vertreten keine Opfertheologie. Auch deshalb stehen wir für die verborgene Botschaft in der katholischen Tradition.

Die Opfertheologie macht aus Christus ein Objekt der Verehrung, ein Totem. Die Christusdarstellungen in der Sixtinischen Kapelle, in byzantinischen Kathedralen und zahllosen anderen Kirchen zeigen ihn als Gottesfigur in voller Zurschaustellung seiner Macht. In diesen Darstellungen ist kein Platz für Machtlosigkeit, sie sind Projektionen reiner Macht. Wenn wir diese Macht verehren, verfehlen wir das Wesentliche. Betrachten wir Christus dagegen als ein Symbol für die Seele, umgreift er wieder die Dimension der Machtlosigkeit. Zugleich gibt diese Sichtweise Aufschlüsse über unsere Seele: Alles, was Christus erlebt und erlitten hat, muss auch unsere Seele erleben und erleiden.

Jesus hat das Böse nicht durch Willenskraft oder Kontrolle überwunden, sondern durch das Erkennen des Bösen. Wir werden nicht dadurch gütig, dass wir uns willentlich vornehmen, gütig zu sein, oder alles daransetzen, unser Verhalten zu kontrollieren. Zur Güte gelangen wir, wenn wir die Momente erkennen, in denen wir ablehnend und unfreundlich waren, und darüber trauern. Wenn wir ehrlich vor uns selbst sind, bedeuten diese Momente völligen Machtverlust. Diesem Machtverlust wollen wir unbedingt ausweichen. Doch nur wenn wir die Trauer über unsere Unvollkommenheit zulassen und durchleben, wird sich etwas ändern. Das fällt uns ungeheuer schwer, weil wir fast alle im Geist einer Spiritualität der Vollkommenheit, Willenskraft und Entschlossenheit erzogen worden sind.

Das entschlossene Streben nach Vollkommenheit führt Menschen, vor allem junge Männer, auf ihre Heldenreise, in der sie sich selbst als heroisch erleben können.[4] Junge Männer werden in unserer Kultur beständig auf diesen heroischen Aufstieg vorbereitet. Sie sind völlig überzeugt, dass kein anderer Weg zur Wahrheit führt. Es ist geradezu anrührend, wenn junge Männer in voller Überzeugung

---

4 Vgl. Richard Rohr, Vom wilden Mann zum weisen Mann, Claudius Verlag, München ²2009.

und besten Willens fest entschlossen sind, in Kampfeinsätzen ihr Land zu retten. Sie glauben den Lügen, die ihnen erzählt werden, und meinen, ihr Ziel mit Willenskraft erreichen zu können. Sie tragen keine Schuld an diesem heroischen Ideal, das in politischen Reden sogar noch bei den Trauerfeiern für die gefallenen Soldaten aufrechterhalten wird. Wird dieser Heroismus religiös verbrämt, dann immer nur aus dem Geist einer Spiritualität der Vollkommenheit, des Erfolgs oder der Macht. Doch alle großen spirituellen Traditionen wissen letztlich, wenn auch manchmal im Verborgenen, dass dieser Weg nicht zu Verwandlung und Erleuchtung führt.

Machtstreben und das Akzeptieren der Liebe Gottes sind völlig unterschiedliche Haltungen. Rezeptivität oder Empfänglichkeit wird häufig dem Weiblichen zugeordnet; in der Dichtung und der Mystik erscheint die Seele vor Gott als weiblich. Das Identifizieren von Empfangen mit Machtlosigkeit hat die patriarchale Unterdrückung der Frau zusätzlich zementiert. Das erklärt, warum der Begriff Machtlosigkeit im Feminismus wenig angesehen ist, besonders wenn er von männlicher Seite in die Diskussion gebracht wird. In ihrem berechtigten feministischen Anliegen, jegliche Unterdrückung und Unterordnung zu beenden, schießen Frauen – auch dies sicher berechtigt – manchmal über das Ziel der Gleichberechtigung hinaus und wollen quasi als Ausgleich nun selbst eine überlegene Rolle einnehmen. Zusammen mit Machtlosigkeit fallen deshalb leider manchmal auch Demut und Hingabe unter das feministische Verdikt.

Mir scheint, dass manche Männer in ihren Einsichten schon weiter sind. Sie wissen, dass sie zu lange eine überlegene Position eingenommen haben und dass dadurch nicht nur Frauen zu Verliererinnen geworden sind, sondern auch sie selbst verloren haben. Das Streben nach

Überlegenheit beruht auf der Illusion, im Rampenlicht sei das Geheimnis zu finden. Doch am Ende des Aufstiegs findet sich – nichts! Der große spirituelle Lehrer Thomas Merton (1915–1968) hat das so ausgedrückt: „Wir verbringen unser ganzes Leben damit, die Leiter zu erklimmen, aber wenn wir oben angekommen sind, merken wir, dass sie an der falschen Wand lehnt." Es ist also an der Zeit für Männer wie für Frauen, von der Position der Überlegenheit herunterzukommen.

Franz von Assisi und Thérèse von Lisieux haben sich geweigert, die Leiter zu erklimmen. Nur wenigen Menschen wird bereits in so jungen Jahren Erleuchtung zuteil. Franz und Thérèse haben tiefe, bedingungslose Liebe erfahren – Franz von seiner Mutter, Thérèse besonders von ihrem Vater. Diese Erfahrung wurde ihnen zur Kraft; sie mussten sich nicht durch Aufstieg, Ergebnisse und Leistung beweisen.

Abhängigkeit

Die Zwölf-Schritte-Spiritualität ist ein besonderer amerikanischer Beitrag zur Spiritualität. Sie zeigt wirkliche Inspiration und echte Führung durch Christus.

Was in den Zwölf Schritten als Abhängigkeit bezeichnet wird, wird im Neuen Testament „Besessenheit" genannt. Dem modernen und postmodernen Denken des Westens sind die Berichte über Dämonenaustreibungen durch Jesus reichlich fremd. Das Dämonische ist jedoch auch in unserer Welt durchaus präsent, beispielsweise in den Strukturen von Abhängigkeit. Betrachten wir die Natur der Abhängigkeit genauer, wird offensichtlich, dass Abhängige wie unter Zwang handeln. Sie sind unfrei und scheinen von einer fremden Macht besessen. Von solchen

Menschen halten wir uns fern. Ganz anders Jesus, der sich häufig auf die scheinbar Besessenen eingelassen hat.

William Griffith Wilson (1895–1971) und Robert Holbrook Smith (1879–1950), die Gründer der Anonymen Alkoholiker, haben mit dem Zwölf-Schritte-Programm ein empathisches, heilendes Verständnis für abhängige Menschen formuliert. Die zentrale Einsicht lautet: Veränderung ist nicht allein aus Willenskraft möglich, sondern nur, wenn wir Empfangende werden. Hier wird sie wieder sichtbar: die verborgene Botschaft, die Haltung der Minderheit, die Religion der Empfänglichkeit, statt der Religion der Selbstbestätigung und des Erzielens von Ergebnissen, die Religion des Zöllners statt der Religion des Pharisäers.

Der spirituelle Autor und Lehrer Gerald May (1940–2005) beschreibt in seinem Buch *Sehnsucht, Sucht und Gnade*,[5] dass jedes Abhängigkeitsverhalten Sehnsucht verbraucht. Insbesondere schwächt es unsere spirituelle Sehnsucht. Nach Mays Überzeugung waren viele Abhängige in ihrer Jugend Menschen mit spirituellen Einsichten und spiritueller Sehnsucht. Manche hatten sogar frühe Gotteserfahrungen. Wenn Menschen für solche frühen Erfahrungen keine Bestätigung finden und keine Möglichkeit sehen, in der Welt der Verbundenheit und des Mitgefühls zu leben, sondern stattdessen auf den Moralismus und die Rituale der etablierten Religion verwiesen werden, ist tiefe Enttäuschung die unausweichliche Folge. Der Versuch, die Welt der Verbundenheit und des Mitgefühls künstlich aufrechtzuerhalten, führt häufig in Abhängigkeiten.

Weit häufiger als Alkoholismus und Drogensucht ist die

---

5 Gerald May, Sehnsucht, Sucht und Gnade. Aus der Abhängigkeit zur Freiheit, Claudius Verlag, München 1993.

Abhängigkeit von unseren Denkmustern. Zahlreiche spirituelle Methoden lehren, wie wir unseren Verstand beobachten und die Zwanghaftigkeit unseres Denkens erkennen können. In dem Buch *Jetzt! Die Kraft der Gegenwart* stellt Eckhart Tolle die These auf, dass „80 bis 90 Prozent des Denkens der meisten Menschen nicht nur nutzlos und repetitiv sind, sondern oft so gestört und negativ, dass sie geradezu schädlich wirken."[6]

Wie zwanghaft, lächerlich, selbstbezogen, kleinlich, paranoid, narzisstisch und unvollkommen ist unser Denken. Ständig wollen wir uns damit verteidigen oder uns bestätigen, dass wir recht haben und die anderen im Unrecht sind. Wie können wir jemals diesem Instrument vertrauen und meinen, dass es uns weiterbringt? Nein, der Verstand wird uns nicht ans Ziel führen. Zu dieser Einsicht sind wir jedoch erst fähig, wenn wir die notwendige Demütigung der Machtlosigkeit erfahren.

Echte Hilfe zur Befreiung aus der Abhängigkeit führt niemanden vor. Auch Jesus hat hilfsbedürftige Menschen nicht bloßgestellt, sondern sie mit heilenden Händen berührt. Dadurch können Leben, Liebe, Akzeptanz und Energie auf den anderen Menschen überfließen.

Solange wir unsere Verwundung nicht als Anlass zur Verwandlung nutzen und sie stattdessen zu einer Erweckungserfahrung machen und uns als neues Zeichen unserer Leistung anheften, um uns überlegen zu fühlen, vermeiden wir den Aufbruch zu unserer spirituellen Reise. „Dieses Erlebnis hat mich zu einem neugeborenen Christen gemacht!" Wer so denkt und spricht, ist noch immer in der Haltung des Pharisäers. In der eigenen Haltung die des Pharisäers zu erkennen gelingt nur wenigen. Men-

6 Eckhart Tolle, Jetzt! Die Kraft der Gegenwart, Kamphausen, Bielefeld [20]2008, S. 32.

schen, die den Weg in die Machtlosigkeit nicht gegangen sind, wissen einfach nicht um diese Zusammenhänge. Noch am Kreuz bedauert Jesus sie: „Vater, vergib ihnen, denn sie wissen nicht, was sie tun." (Lukas 23,34)

Vergebung

Die Botschaft Jesu lässt sich im Wesentlichen mit zwei Stichworten benennen: Vergebung und Inklusivität. Vergebung meint die Akzeptanz des Anderen, der Menschen außerhalb der eigenen Gruppe. Inklusivität bezieht sich stärker auf die strukturelle Dimension. Gelebte Inklusivität macht es unnötig, die eigene Gemeinschaft als die beste anzusehen und ihre Grenzen zu verteidigen. Jesus wollte stets verhindern, dass seine Botschaft zu einem Gruppendenken wird. Und dennoch ist daraus das Christentum mit seinem Exklusivitätsanspruch entstanden.

Bei der Reise in die Machtlosigkeit geht es vor allem um die Hingabe an die dunkle Seite des Lebens und die dunkle Seite von Strukturen. Die Hingabe an diese dunklen Seiten bedeutet, sie zu betrauern und der Realität zu vergeben. Wahre Vergebung bezieht sich nicht auf einzelne Situationen, sondern meint eine grundsätzliche Haltung, in der wir die tragischen Unzulänglichkeiten und einer unvollkommenen Welt vergeben. Die Wirklichkeit hat Fehler und ist unvollkommen. In unserer Auseinandersetzung mit dieser Wunde, dieser Bitterkeit, diesem Widerspruch, diesem Dilemma, diesem Paradox gelangen wir von Unbewusstheit zur Bewusstheit.

Im 2. Buch Mose steht das wunderbare Wort: „Darum ließ er das Volk einen Umweg gehen und führte es durch die Wüste zum Schilfmeer." (2. Mose 13,18) Welch großartige Metapher: der „Umweg durch die Wüste".

Von Anfang an ist die verborgene Botschaft vorhanden: In der Auseinandersetzung mit dem Paradox, mit dem Geheimnis, mit der Verwirrung, der Trauer und den Tränen entsteht eine Gemeinschaft. Ohne ein spiegelndes Gegenüber können wir unser eigenes Gesicht nicht sehen. In der Gemeinschaft können wir unsere eigene Kleinheit erkennen, unsere Egozentrik, unsere Rechthaberei und unser Bedürfnis, als der oder die Beste zu gelten.

Ich war lange Jahre Priester in „New Jerusalem", einer spirituellen Gemeinschaft in Cincinnati. Viele Menschen kamen dorthin, um sich ihrem eigenen Schatten zu stellen. Ich sehe sie noch vor mir, die jungen Katholiken Anfang 30, die alles richtig gemacht hatten, mit ihrer perfekten katholischen Ehe und zwei perfekten Kindern. Sie kamen und nach ungefähr drei Monaten begann es, in ihrer Ehe zu kriseln. Nicht selten ging die Ehe auseinander, weil die Perfektion nicht länger verdecken konnte, womit sie sich nicht auseinandersetzen wollten. In der starken Gemeinschaft „New Jerusalem" fühlten sie sich genügend gehalten, sich ihrem Schatten-Selbst zu stellen, selbst wenn das bedeutete, sich von ihrem Partner zu trennen.

Wenn eine Gemeinschaft stark genug ist, uns zu halten, müssen wir uns und anderen nicht länger etwas vormachen. Wir gehen im Tempel in die hinterste Ecke, senken den Kopf und schlagen uns an die Brust. Jetzt sind wir bereit zu der Erkenntnis, dass wir meist Komplizen des Bösen sind, das wir hassen.

Nicht nur Konservative projizieren das Böse häufig nach außen, sondern auch Linke und Progressive lehnen es oft ab, sich wirklich auf den spirituellen Weg einzulassen, und verschließen sich der Erkenntnis ihres Anteils am Bösen. Für die Reise an den Ort der Machtlosigkeit brauchen Menschen Lehre und Führung. Alkohol- oder Drogensucht führen nicht, sie lehren nicht, sondern üben

Zwang aus. Manchmal wachen Menschen erst nach Jahren auf und sehen, dass ihre Ehe zerstört ist und sie ihre Kinder, ihre Arbeit oder ihren Ruf verloren haben. Spätestens dann ist die Einsicht unausweichlich, dass es so nicht weitergehen kann. Es muss einen besseren Weg geben, das Leben zu leben. Und dieser bessere Weg ist Vergebung.

Die Notwendigkeit spiritueller Erfahrung

William Griffith Wilson spricht von der Notwendigkeit einer „lebendigen spirituellen Erfahrung". Ohne eine solche Erfahrung finden Menschen keinen Ausweg. Die einzige Heilung für Besessenheit ist eine neue Besessenheit, die Besessenheit von etwas Besserem. Die Sehnsucht nach diesem Besseren hat Christus geweckt. Er verkörpert Größe, Ganzheit, Akzeptanz und Vergebung. Wie klein sind demgegenüber all unsere Abhängigkeiten. Dass wir ohne sie in Freiheit leben können, lässt sich nicht mit dem Verstand erfassen. Nur wenn wir über eine lebendige spirituelle Erfahrung verfügen, können wir das Alles-oder-nichts-Denken der Abhängigkeit loslassen. Das absolutistische Entweder-oder-Denken, das alles Unvollkommene für schlecht hält, bricht zusammen, denn lebendige spirituelle Erfahrung schenkt uns die Gewissheit, dass Gott uns sogar in unserer Unwürdigkeit liebt. Im Inneren des Mysteriums, das die Unvollkommenheit umgreift, bedeutet Vollkommenheit nicht mehr die dualistische Trennung des Guten vom Bösen, sondern die Fähigkeit, die Unvollkommenheit zu umarmen und aufzunehmen. Das ist wahre Vollkommenheit und um diese Vollkommenheit geht es letztlich in der Vergebung. Wenn wir der Wirklichkeit vergeben, dass sie so ist, wie sie ist, dann können wir unseren Kindern vergeben, dass sie nicht so perfekt sind, wie wir uns das immer gewünscht haben. Und ebenso können wir unserem Partner vergeben, unserer Ehe, unserem Land, unserer Kirche. Vergebung meint die universelle Sichtweise: Es ist, wie es ist.

Ohne lebendige spirituelle Erfahrung können wir kaum etwas tun, um die Gegensätze zusammenzuhalten. Gott muss den Anfang machen. Wenn Gott unsere Unvollkommenheit zusammenhält, bekommen wir die Fähigkeit, das Gleiche zu tun.

Wir alle haben uns Posen und Haltungen zurechtgelegt, von denen wir glauben, dass sie uns attraktiv und liebenswert machen. Doch solange wir in diesen Posen leben und etwas darstellen wollen, glauben wir, nur um dieser Darstellung willen geliebt zu werden. Gott muss das Prinzip der Darstellung zerstören, dann erst beginnt der spirituelle Weg.

Wenn ein Mensch seit 15 Jahren keinen Alkohol mehr getrunken hat, also ein „trockener Alkoholiker" ist, ist sein Denken doch sehr oft immer noch in den Kategorien „alles oder nichts" verhaftet. Solche Menschen können sich nur schwer in die Gemeinschaft einfügen, selbst wenn sie ihre Drogenabhängigkeit überwunden haben. Nur die wenigsten können sich aus dem dualistischen Denken befreien. Eine wesentliche Hilfe dazu ist, wie schon William Griffith Wilson betont hat, der 11. Schritt des Zwölf-Schritte-Programms: „Wir suchen durch Gebete und Besinnung die bewusste Verbindung zu Gott – wie wir ihn verstehen – zu vertiefen. Wir bitten ihn nur, uns seinen Willen erkennbar werden zu lassen und uns die Kraft zu geben, ihn auszuführen."

Die drei klassischen Stufen der katholischen Spiritualität sind der Weg der Reinigung, der Weg der Erleuchtung und der Weg der Einheit. Abstinenz ist der Weg der Reinigung. Der 11. Schritt des Zwölf-Schritte-Programms führt zur inneren Erleuchtung. Und wenn wir in die Hände des lebendigen Gottes fallen, verstehen wir die Einheit. Dualistisches Denken ergibt hier keinen Sinn mehr. Wir handeln nicht länger aus Willenskraft oder Disziplin, wir erzielen nicht länger Ergebnisse oder Leistungen, sondern es wird etwas an uns getan.

Wie im ersten Kapitel über die beiden Lebenshälften bereits ausgeführt, formen wir in der ersten Lebenshälfte ein Gefäß, das uns jedoch in der zweiten Lebenshälfte in gewisser Weise im Weg steht. Auf die Religion bezogen klingt diese These möglicherweise ziemlich gewagt. Doch wenn wir unser ganzes Leben lang zu beweisen suchen, dass unsere Religion die beste ist, dass nur die Anhänger unserer Religion in den Himmel kommen, dass nur unsere Rituale wirksam sind, dann konzentrieren wir uns auf das Gefäß und nicht auf den Inhalt. Wenn wir hingegen in die Hände des lebendigen Gottes gefallen sind, dann wird uns der Inhalt offenbart. Dieser Fall in Gottes Hände ist grenzenlos, das Geheimnis wird immer tiefer und immer weiter. Wenn wir fallen, haben nicht länger wir die Kontrolle, sondern ein anderer. Unsere dualistische Unterscheidung zwischen uns und den anderen hat in diesem Fallen jeden Sinn verloren. Dieser Zustand lässt sich nur in einer nondualistischen Sprache beschreiben, wie die Mystiker sie sprechen.

„Gott lässt seine Sonne aufgehen über die Bösen und über die Guten und lässt regnen über Gerechte und Ungerechte." (Matthäus 5,45) Das ist ein klassischer nondualistischer Satz. Ich bezweifle, dass der Papst diese Zeilen häufig zitiert, denn sie erzeugen keine Gruppenidentität. Mit einer solchen Sprache kann man die römisch-katholische Kirche nicht zusammenhalten. Bedeutet dieser Satz, dass die Sonne über den islamistischen Diktaturen aufgeht, auch über den Terroristen? Unvorstellbar! Und doch ist es so: Auch diese Staaten gehören zur von Gott geliebten Welt, auch die Terroristen sind Kinder Gottes ebenso wie wir.

Dass es uns so schwerfällt, zu dieser Einsicht zu gelangen, hat seinen Grund in unserem dualistischen Denken. Wenn wir uns unser ganzes Leben lang damit beschäftigen, uns zu beweisen, dass unsere Religion besser ist als alle anderen, dass unsere Nation besser ist als alle anderen, dass mein Geschlecht besser ist als das andere – leider gibt es nur eines, über das ich mich erheben kann –, dann entstehen zwangsläufig Gegensätze und Feindschaften. Genauer: Wir selbst *schaffen* uns überall Feinde. Und wir sehen überall Probleme, vor denen wir uns schützen müssen. Die Paranoia unserer Politiker ist Ausdruck dieser Fixierung auf die Probleme. Argwohn und Aggression sind weitere Folgen.

In den Kirchen sieht es oft nicht anders aus. Haben all die Geistlichen, die ihre Dogmen wie Schutzschilde vor sich hertragen, nie gebetet, haben sie nie selbst den Erlöser erfahren? Womöglich waren sie auch nie machtlos und haben nie gesündigt und deshalb die Macht der Sünde nie erfahren. Die Sünde ist ein großartiger Lehrmeister. Jesus war barmherzig mit den Sündern – ganz anders als wir. Wie viel Energie verwenden wir darauf, Sünder zu bestrafen und auszusondern.

Wütend war Jesus auf Menschen, die meinten, keine Sünder zu sein, auf die Heuchler. Der im Neuen Testament verwendete griechische Begriff *hypokritai* bedeutet eigentlich soviel wie Schauspieler. Heuchler sind gespaltene Menschen, die etwas vorspielen müssen, weil sie ihr wahres Selbst nie erfahren haben und es nicht kennen. Die Religion bringt ungeheuer viele Schauspieler hervor, gespaltene Menschen, die sich nicht auf den – wie Thérèse von Lisieux sagt – „kleinen Weg" der Machtlosigkeit einlassen können. Religion war immer eine Ausbildungsstätte für den großen Weg des Schauspiels, den Weg der Selbstvervollkommnung. Thomas Merton hat ihn als „privates Erlösungsprojekt" bezeichnet. Thérèse von Lisieux vertraut dem kleinen Weg: „Ich weiß, wenn ich klein bin, dann ziehe ich Gottes Liebe an. Er muss mich lieben, weil ich es allein nicht kann. Ich bringe Gott nicht meine Vollkommenheit, sondern meine Unvollkommenheit. Ich weiß, dass Gott zu mir eilt."

Die physikalischen Gesetze besagen, dass die Natur kein Vakuum toleriert. Jedes Vakuum muss gefüllt werden. Johannes vom Kreuz (1542–1591) formuliert dasselbe Gesetz für die Seele: „Alles, was Gott braucht, ist ein Vakuum, einen Raum. Und immer, wenn wir Gott Raum geben, dann wird Gott ihn füllen." Die Spiritualität der Vollkommenheit hält Menschen dazu an, ihren Raum mit Geboten, Ritualen und gutem Verhalten zu füllen. Dadurch sind sie so ausgefüllt von sich selbst, dass kein Raum mehr bleibt, den Gott füllen könnte. Wir müssen leer werden von uns selbst, damit Gott uns füllen kann. Nichts anderes können wir tun als zuzulassen, dass wir leer werden, und Gott die Leere zu geben.

Die Fähigkeit zum Lassen bedeutet Gelassenheit. Seit der Aufklärung hat die Kunst der Gelassenheit mehr und mehr an Bedeutung verloren. Das Wort fehlt in der westlichen Welt, es passt nicht in die kapitalistische Weltsicht. Gelassenheit widerspricht vollkommen unserer Einstellung der Kontrolle. Wir leben in einer Gesellschaft wechselseitiger Abhängigkeit und sind nicht frei zum Loslassen. Wir werden in Macht und Leistung ausgebildet, nicht in Unvollkommenheit, Gelassenheit und Loslassen.

Ein ähnlicher Begriff ist Hingabe. Die meisten Menschen assoziieren damit eine Niederlage. In Wirklichkeit meint das Wort den Zugang zu einem tieferen und weiteren, immer schon erfüllten und überfließenden Selbst. Wenn wir uns auf diese Ebene der tieferen Zufriedenheit und Fülle begeben, verliert die Idee des Mangels ihre Bedrohlichkeit und wir müssen uns nicht länger mit Selbstzweifeln quälen: „Ich bin nicht gut genug, das ist nicht gut genug." In der Hingabe sind wir einfach überwältigt vom „Genügen".

Die Verbundenheit mit Gott

Das Verständnis der Strukturen von Abhängigkeit ermöglicht zugleich ein neues Verstehen des Wesens spiritueller Sehnsucht. Wir sind in der Lage zu erkennen, wie Wunden geheilt werden können, wie das Böse überwunden werden kann, wie wir uns in das Gute hineinbegeben und das Schlechte loslassen.

In der spirituellen Begleitung rate ich Menschen immer wieder zum Misstrauen gegenüber allen heroischen Gesten. Sie sind Nahrung für das Ego, nicht für Gott. Gott braucht unseren Heroismus nicht, Gott braucht den Menschen, der wir wirklich sind. Und nur diesen können wir Gott geben und kein idealisiertes, perfektes Selbst. Perfektion ist ein mathematisches Konzept und selbst in der Mathematik ist das Konzept des Perfekten mittlerweile fraglich geworden. Die verschiedenen Varianten der Chaostheorie besagen, dass das ganze Universum aus dem Chaos heraus zu wirken scheint.

Das Streben nach Perfektion bedeutet Abgrenzung vom Nichtperfekten, ist also Ausdruck des Dualismus und nicht der Einheit. Paulus beschreibt im ersten Korintherbrief ein Gegenkonzept: „Ihr aber seid der Leib Christi und jeder Einzelne ist ein Glied an ihm." (1. Korinther 12,27) In der hebräischen Tradition gilt allein Gott als gut und vollkommen. Mit seiner intelligenten Formulierung lokalisiert Paulus die Ganzheit im gesamten Leib Christi. Der Leib Christi ist für Paulus ein Kraftfeld. Es umfasst die gesamte Menschheit, alle, die bereit sind, verbunden zu sein, alle, die in diesem Feld sind, unabhängig von ihrer Religion.

Der Leib Christi ist die Wirklichkeit der universellen Verbundenheit in Gott. Für diese Verbundenheit findet Paulus treffende Worte: „Der Leib besteht nicht nur aus einem Glied, sondern aus vielen Gliedern. Wenn der Fuß sagt: Ich bin keine Hand, ich gehöre nicht zum Leib!, so gehört er doch zum Leib. Und wenn das Ohr sagt: Ich bin kein Auge, ich gehöre nicht zum Leib!, so gehört es doch zum Leib. Wenn der ganze Leib nur Auge wäre, wo bliebe dann das Gehör? Wenn er nur Gehör wäre, wo bliebe dann der Geruchssinn? Nun aber hat Gott jedes einzelne Glied so in den Leib eingefügt, wie es seiner Absicht entsprach. Wären alle zusammen nur ein Glied, wo bliebe dann der Leib? So aber gibt es viele Glieder und doch nur einen Leib. Das Auge kann nicht zur Hand sagen: Ich bin nicht auf dich angewiesen. Der Kopf kann nicht zu den Füßen sagen: Ich brauche euch nicht. Im Gegenteil, gerade die schwächer scheinenden Glieder des Leibes sind unentbehrlich." (1. Korinther 12,14-22)

Christus hat dieses große Mysterium für uns zusammengehalten, das Kraftfeld derjenigen, die in Liebe und Einheit leben. Christus ist es, unser Messias, der Himmel und Erde, den Menschen und das Göttliche, das Spirituelle und das Materielle, meine Gruppe und alle Gruppen zusammenhält.

Die Genialität des Zwölf-Schritte-Programms besteht darin, dass es nicht in erster Linie Menschen erreichen, sondern vielmehr die Menschen anziehen will. Würde doch die Kirche davon lernen! Dann müsste sie sich nicht länger darüber definieren, wie sie Menschen erreicht, sondern dadurch, dass sie Menschen anzieht. Es ginge ihr nicht länger um Ziele, sondern um das Sein.

Die Friedensnobelpreisträgerin Mutter Teresa (1910–1997) hat niemals versucht, irgendjemanden zum Katholizismus zu bekehren. Nie hat sie über Jesus gepredigt. Stattdessen war ihre Überzeugung: „Unsere Aufgabe ist nicht, über Jesus zu sprechen, sondern Jesus zu sein." Diese Einsicht liegt auch dem Zwölf-Schritte-Programm zugrunde. Denn das Gute kommt nicht dadurch in die Welt, dass man es nach außen trägt, sondern indem man es lebt und anzieht. Das Wahre, das Verwandelte wirkt anziehend in seinem Sein.

Die Spirale der Gewalt

Nach traditionell katholischer Sicht kann das Böse unbehelligt wirken, indem es sich als das Gute verkleidet. Diese Verkleidung ist die Maske des Teufels. Zufrieden ist der Teufel erst, wenn er sich als Gott verkleidet. Dann sieht seine Maske religiös und moralisch aus, als ob er ein großes Ziel oder einen höheren Zweck verteidigte. In dieser Maske kann das Böse wirken, ohne dass damit irgendein Schuldgefühl, eine Scham oder die geringsten Selbstzweifel verbunden wären. Solange wir nicht verstehen, dass das Böse sich verkleiden muss, bleibt unsere Fähigkeit beschränkt, zwischen gut und böse zu unterscheiden.

Der Begriff „Spirale der Gewalt" ist eine relativ neue Formulierung. Bekannt gemacht hat ihn Dom Hélder Pessoa Câmara (1909–1999), der Erzbischof von Recife in Brasilien. Nach seiner Überzeugung bewegt sich die Gewalt spiralförmig von unten nach oben. Wenn wir die Gewalt oder das Böse nicht auf der untersten und am stärksten verkleideten Ebene erkennen, können wir es auf den späteren Stufen nur schwer aufhalten.

Ich verbinde den Begriff „Spirale der Gewalt" mit einer traditionellen Aussage der katholischen Morallehre, der zufolge es drei Quellen des Bösen gibt: die Welt, das

Fleisch und den Teufel. Die Welt sehe ich unten auf der Spirale der Gewalt angeordnet, das Fleisch in der Mitte und den Teufel ganz oben. Im Judentum, im Christentum und im Islam gelten wohl mindestens 90 Prozent der Aufmerksamkeit dem mittleren Teil der Spirale, also dem Fleisch. Das moralische Denken der meisten Menschen ist vollkommen auf das Böse des sogenannten Fleisches gerichtet. Wer sich so stark auf eine Sache fokussiert, vernachlässigt zwangsläufig die beiden anderen. Ebenso zwangsläufig geraten die Ebenen des Fleischs und des Teufels außer Kontrolle, solange wir das Böse auf der untersten Ebene, der Ebene der Welt, nicht erkennen.

Das Böse auf der untersten Ebene, der Ebene der Welt, ist am stärksten verborgen, am besten verkleidet und wird am häufigsten gemieden. Unsere Augen sind nicht darauf angelegt, es zu sehen, und deshalb erkennen wir es nicht. Warum es so schwierig ist, das Böse in der Welt zu erkennen, wird verständlicher, wenn wir den Begriff „Welt" durch „System" oder „Struktur" ersetzen. Kulturen, Gruppen, Institutionen und Nationen organisieren sich selbst, um zu überleben. Sie sind selbsterhaltende Systeme. Notwendige und ganz natürliche Folge des Selbsterhaltungstriebs ist Selbstschutz. Das individuelle Ego zu demaskieren ist schwer, die strukturelle Bosheit von Systemen ist jedoch weit schwerer zu enttarnen.

Die innere Logik von Systemen

Systeme und Strukturen werden nur sehr bedingt durch Personen vertreten, auf die wir unsere Emotionen richten können. Zwar können wir beispielsweise die Vorstandsvorsitzenden und Geschäftsführer eines Konzerns vor Gericht bringen, ihre individuellen Vergehen und ihre individuelle Schuld spiegeln jedoch oft nur das strukturelle Versagen des Konzerns. Auch Konzerne sind selbsterhaltende Systeme, die sich selbst schützen müssen. Sie folgen ihrer eigenen inneren Logik und schaffen ihre eigene Wahrheit, die mit einer größeren Wahrheit jedoch nur wenig zu tun hat. Innerhalb von solchen Organisationen und Institutionen erscheint die eigene Logik völlig stimmig. Davon sind auch die Kirchen nicht ausgenommen, an deren System Bischöfe und Priester beteiligt sind, die die moralischen Implikationen doch eigentlich kennen sollten.

Solange wir uns im Inneren unseres eigenen Systems befinden, können wir eine ganze Reihe von Sachverhalten weder wahrnehmen noch benennen. Sie sind einfach kein Problem für uns. Nur wer außerhalb des Systems steht, hat einen Blick auf die strukturellen Zusammenhänge und ist in der Lage, ihre Probleme zu erkennen. Beispielsweise dominieren persönliche Vorteile oder die Sicherheit unseres Landes unser Denken so sehr, dass wir das größere Bild der ganzen Welt aus dem Blick verlieren. Es ist wohl völlig normal, wenn Menschen ihr Heimatland lieben, aber die Gefahr, den Lügen und Illusionen des Nationalismus zu erliegen, ist nur allzu groß. Über die Eigeninteressen hinauszublicken wird zudem dadurch erschwert, dass das Streben nach Ansehen und Sicherheit als durchaus moralisch berechtigt angesehen wird.

Strukturelle Sünde

Eines der großen Verdienste von Papst Johannes Paul II. (1920–2005) besteht darin, dass er neue Konzepte wie das „strukturelle Böse", die „institutionalisierte Sünde" und das „gesellschaftliche oder unternehmerische Böse" in der katholischen theologischen Diskussion verankert hat. Erst seit den 1960er Jahren sind das systemische Böse, die strukturelle Sünde, institutionalisierte Ungerechtigkeit, kulturelle Sanktionen und national und kulturell bedingte Vorurteile und Unterdrückung in den Blick gekommen. Vorher haben es Menschen nur vereinzelt gewagt, ihre Kritik nicht nur an Individuen zu äußern, sondern Systeme zu kritisieren. Die biblischen Propheten und beispielsweise die Sozialaktivistin und Journalistin Dorothy Day (1897–1980) waren solche Vorkämpfer. Die Einsicht in das strukturelle Böse hat unsere Sichtweise in vielerlei Hinsicht verändert.

In geschlossenen Systemen gelten Eigennutz, Selbstschutz und sogar Selbstüberhöhung als Tugenden, die belohnt und anerkannt werden. Im Interesse der Selbsterhaltung werden „notwendige Kollateralschäden" in Kauf genommen. Die Fähigkeit zur Selbstkritik ist bei diesen Systemen in der Regel noch viel schwächer ausgeprägt als bei Individuen. Auch in der Kirche ist diese Fähigkeit ausgesprochen unterentwickelt. Dabei wäre gerade sie die Institution, in der die Stimme der Propheten, die in ihrem Wirken und ihrer Botschaft ganz besonders für den Aspekt der Selbstkritik stehen,[7] gehört werden sollte. Doch bereits im Judentum galten die meisten Propheten nichts und auch im christlichen Denken spielen sie kaum eine Rolle.

Systeme schützen nicht nur sich selbst, sondern auch das „Business as usual", den Status quo, und zwar weil sie der Status quo sind! Den Status quo infrage zu stellen würde bedeuten, das System selbst infrage zu stellen, und das widerspricht den Selbsterhaltungsinteressen.

Bereits Paulus verwendet Begriffe, die sich auf Systeme

---

7 Vgl. oben S. 17.

und ihre Strukturen anwenden lassen, etwa „Macht", „Königreich", „Thron" und „Herrschaft". Interessanterweise wurden diese Begriffe später mit den Erzengeln in Verbindung gebracht.

In der christlichen Mythologie gelten die Teufel als gefallene Engel. Wie die gefallenen Engel beginnt auch die Welt als System in guter Absicht, zerstört sich jedoch zunehmend von innen heraus und verliert schließlich ihren Sinn, ihr Ziel, ihre Identität und ihre Seele. Genau diese Entwicklung haben die Propheten kritisiert und dafür so drastische Worte wie „Heuchler", „Hure", „Tor" und „Betrüger" verwendet. Kein Wunder, dass viele Propheten ihr Wirken mit dem Tod bezahlt haben. Jeder, der sein eigenes System, also auch die eigene Religion, kritisiert, ist dem System potenziell gefährlich und muss nach systemimmanenter Logik eliminiert werden.

Die Welt als Konglomerat von Systemen der Selbsterhaltung und der Selbstorganisierung wird von Menschen strukturiert. Der Logik der Selbsterhaltung entsprechend entwickelt sich der Status quo zum vorherrschenden Bewusstsein, zur Art und Weise, wie jeder Mensch denkt und denken soll, was wiederum den Status quo verfestigt. Aus der Innenperspektive ist diese Problematik nicht zu durchschauen.

Ich war mein Leben lang Katholik und bin seit über 40 Jahren Priester. In all dieser Zeit habe ich keine einzige Predigt über das zehnte Gebot gehört, wirklich nicht eine! Ich habe zahlreiche Predigten über das fünfte Gebot gehört, also nicht zu töten, das vierte Gebot, also Vater und Mutter zu ehren, und auch über das siebte Gebot, das Verbot zu stehlen. All diese Gebote betreffen die Sünden des Fleisches und wir haben keinerlei Schwierigkeiten, Übertritte als moralisch verwerflich zu sehen. Doch das Gebot „Du sollst nichts begehren, was deinem Nächsten gehört" zu befolgen ist für Menschen der westlichen Länder nahezu unmöglich. Das Streben nach immer mehr ist systemimmanent!

Wir Menschen der westlichen Länder sind unfähig, im zehnten Gebot eine moralische Frage zu sehen, ganz gleich, ob wir politisch liberal oder konservativ eingestellt sind, denn es widerspricht dem Kapitalismus. Deutlicher Ausdruck unseres kapitalistischen Systems ist die allgegenwärtige Werbung, die in nahezu alle Lebensbereiche eingedrungen ist. Kino, Fernsehen, Zeitungen und Zeitschriften, Internet, der öffentliche Raum – nirgends können wir der Werbung entkommen. Kaufen und verkaufen sind das Credo der westlichen Welt.

Ohne all dieses Kaufen und Verkaufen wüssten wir nicht, warum wir morgens aufstehen sollen, denn wir haben nichts anderes zu tun. Dieses System ist zutiefst unmenschlich. Es beurteilt nämlich alles nach seinem Wert, alles wird zur Ware: Wie viel bist du wert? Wie viel kann ich dafür bekommen? Dieses System tötet jedes spirituelle Gespür und verstellt alle Zugänge zu den tieferen Ebenen des Geistes und der Seele. Deshalb hat Jesus die Händler aus dem Tempel verjagt (vgl. Lukas 19,45; Johannes 2,14-16). Handel und Spiritualität passen nicht zueinander.

Es ist ungeheuer schwer, zu kritisieren, was uns selbst Vorteile bringt. Deshalb hat die Kirche bis heute das systemische Böse nur selten erkannt. Allzu oft war die Religion selbst Teil dieses Bösen. Wenige haben die strukturelle Sünde benannt: die jüdischen Propheten; der englische Bischof Thomas Becket (1118–1170), der es gewagt hat, den König anzuprangern; der Dominikaner Bartolomé de Las Casas (1484–1566), der in Lateinamerika darauf hingewiesen hat, wie schlecht die indigenen Völker behandelt wurden, und gegen den die spanischen Konquistadoren in der Folge mit allen Mitteln vorgingen; die schon erwähnte

Dorothy Day und Óscar Romero (1917–1980), der Erzbischof von El Salvador.

Auf breiterer Basis hat sich erst seit den 60er Jahren des vergangenen Jahrhunderts ein Bewusstsein für das strukturelle Böse entwickelt. Selbst wenn die Auswirkungen auf die spirituelle Haltung zunächst nur in Ansätzen zu erkennen waren, hat die Systemkritik doch weithin Anerkennung gefunden. Schuld wurde nicht länger nur dem Individuum zugeschrieben, sondern zunehmend kam in den Blick, dass Systeme Menschen dazu bringen, böse zu handeln. Damit ist keineswegs die individuelle Verantwortung infrage gestellt. Aber etwa bei der Beurteilung von Sexualstraftaten spielt mehr und mehr die Einsicht eine Rolle, dass Missbrauchstäter oft selbst Opfer von Missbrauch waren.

Die Ebene des Fleisches

Bei der Sünde des Fleisches denken die meisten Menschen an sexuelles Fehlverhalten. Paulus meint jedoch etwas viel Umfassenderes, nämlich die individuelle Sünde, also unser persönliches Versagen und unsere persönlichen Fehler. Auf dieser Ebene fügen Menschen einander wohl die meisten und schmerzlichsten Verletzungen zu.

Die Konzentration auf die zweite Ebene der Spirale, Anklagen, Schuldzuweisungen und Bestrafungen verraten eine beschränkte Sicht des Bösen. Selbst die Androhung drakonischster Strafen hält Menschen nicht von fehlerhaftem Verhalten ab. Die schlimmsten Schreckensszenarien wie etwa das ewige Höllenfeuer bleiben ohne Wirkung. Das menschliche Böse bleibt Teil dieser Welt, weil wir die Spirale der Gewalt auf der untersten Ebene nicht aufgehalten haben. Solange Menschen verwundet, unterdrückt, erniedrigt und missbraucht werden, wird sich dieses Böse seinen Weg bahnen und sich gegen andere Menschen richten. „Du sollst nicht lügen, du sollst nicht stehlen, du sollst die Frau deines Nächsten nicht begehren" – verwundete Menschen können damit nicht aufhören und auch Drohungen halten sie in den meisten Fällen nicht davon ab.

Die Religion zielt mit dem größten Teil ihrer Energie auf die Ebene des Fleisches und darauf, den Menschen ihr Fehlverhalten vorzuhalten. Das hat durchaus seinen Wert. Viel zu wenig beachtet werden jedoch die Zusammenhänge zwischen strukturellen Verflechtungen bzw. Abhängigkeiten und individueller Sünde. Die Menschen sind Teil des Systems von Abhängigkeiten und akzeptieren sie deshalb weithin unkritisch. Gier und Selbstbezogenheit, Materialismus und Konsum anzuprangern ist ehrenhaft, doch der Widerstand bleibt wirkungslos, solange wir unreflektiert im Geist des Kapitalismus verharren. Wie können Menschen ihre Gier als Schuld erkennen, wenn Gier die Haupttriebfeder des Systems ist? Wie können wir Gier auf einer Ebene belohnen und fördern und auf der nächsten Ebene als Sünde bezeichnen?

Nichts wird stärker idealisiert und romantisiert als der Krieg. Haben Kriege jemals zu politischem Umdenken geführt? Wird Krieg nicht immer als – wenn auch letzte – Möglichkeit angesehen? Natürlich erregen wir uns über die Gewalt auf der Straße und gewaltbereite Jugendliche. Doch wie passt das zu unserer eigenen Gewaltbereitschaft in Form von Krieg?

Joseph Louis Kardinal Bernardin (1928–1996), der Erzbischof von Cincinnati, spricht von einer „einheitlichen Ethik des Lebens" und fordert von der die Kirche, bedingungslos für den Schutz des Lebens vom Mutterleib bis zum Tod einzutreten. Das schließt den Widerstand gegen

Abtreibung, Umweltzerstörung, das Töten im Krieg, Todesstrafe, Euthanasie und unmenschliche Gesetze mit ein. Menschen, die sich diesem Widerstand gegen die Geringschätzung des Lebens anschließen, erheben sich gegen die Welt, das Fleisch und den Teufel.

Doch die meisten Menschen kommen nicht so weit. Sie bleiben bei Einzelaspekten der Sünde, zumeist im Bereich der Leiblichkeit – vielleicht weil Sünde mit Scham in Zusammenhang gesehen wird und Scham im Körper lokalisiert ist. Also wird auch die Sünde mit dem Körper in Verbindung gebracht und alles, was wir mit unserem Körper unterlassen oder getan haben, gilt als sündhaft: vom Übergewicht bis zu sexuellen Fehltritten. Ist es nicht höchst erstaunlich, eine wie große Rolle in kirchlichen Stellungnahmen Schwangerschaftsabbruch, der Einsatz künstlicher Verhütungsmittel und Homosexualität spielen? Über 2000 Jahre waren in der christlichen Ethik die Zehn Gebote, die Bergpredigt und das Glaubensbekenntnis bestimmend. Und heute konzentrieren wir uns auf zwei, drei Fragen der Leiblichkeit! Für Jesus waren ganz andere Probleme wichtig: Stolz, Ungerechtigkeit, Arroganz, Blindheit und Täuschung. Doch sich damit auseinanderzusetzen würde bedeuten, sich der wahren Natur des Bösen zu stellen und die eigenen Verstrickungen wahrzunehmen. Stattdessen sieben wir Mücken und verschlucken Kamele, wie Jesus sagt (vgl. Matthäus 23,24).

Solange wir Sünde derart selektiv betrachten, bleibt auch unser Umgang mit ihr höchst inkonsequent. Wir tolerieren, dass der Mensch immer mehr zum Objekt wird, besonders der Körper der Frau, beispielsweise in der Werbung. Wir akzeptieren die Verobjektivierung des Menschen im Geschäftsleben und in unseren Beziehungen. Und dann wollen wir uns ernsthaft wundern, wenn viele junge Männer sich egoistisch und unpersönlich verhalten und zu echten Beziehungen kaum fähig sind? Für die allermeisten Menschen geht es im Leben nur noch darum, andere zu benutzen. Und dann wollen wir uns ernsthaft darüber wundern, dass es so viele unglückliche Ehen gibt und so viele Menschen sexbesessen sind und keine Kontrolle über sich haben?

Die Ebene der Welt

Vor allem Konservative tendieren dazu, all ihre Energie auf die Ebene des Fleisches zu konzentrieren. Sie sind in der Regel nicht in der Lage, das Rechtssystem, den Strafvollzug, das Bankenwesen oder das Militär zu kritisieren, denn aus diesem System schöpfen sie ihre Identität. Stattdessen richten sie ihre Kritik auf die individuelle Sünde. Es ist bequem, sich selbstgerecht, arrogant und voller Zorn über die Fehltritte anderer zu ereifern. Doch wer erregt sich über die Lügen in der Weltpolitik, über die Rechtfertigungen von durch nichts zu rechtfertigenden Kriegen oder über die himmelschreiende Ungerechtigkeit der Steuerpolitik, also über das, was Dorothy Day berechtigterweise ein „schmutziges, verdorbenes System" genannt hat? Vielleicht bleiben Kritik und Widerstand aus, weil diese Lügen, Rechtfertigungen und Ungerechtigkeiten zum System gehören. Wir spielen das Spiel mit, obwohl wir wissen, dass es nur mit dem Einsatz von Lügen, Rechtfertigungen und Ungerechtigkeiten funktioniert. Doch solange wir das Böse auf der untersten Ebene nicht durchschauen, bleibt unser Bild von der Sünde unvollständig. Natürlich ist Kritik an individuellem Fehlverhalten in manchen Situationen angebracht und hilfreich. Wir sollten sie jedoch nicht vergötzen, wie konservative Kreise dies sehr häufig tun.

Nicht nur viele Konservative sind unfähig zur Systemkritik. Auch progressiv eingestellte Menschen zementieren mit ihrer Art der Kritik die Probleme häufig noch zusätzlich. Anstatt gesellschaftliches und unternehmerisches Fehlverhalten und das System der Täuschung anzuprangern, weisen sie nicht selten den Opfern, also den vom System Abhängigen, die Schuld zu. Die Abhängigkeit selbst kommt bei dieser Art von Kritik gar nicht in den Blick.

Die Ebene des Teufels

Auf der dritten Ebene der Spirale der Gewalt ist der Teufel angesiedelt. Ich verstehe „Teufel" in diesem Zusammenhang als Dämon bzw. als Synonym für eine schwer genauer zu benennende und zu beschreibende Macht. Diese Macht hat damit zu tun, wie die breite Masse denkt.

Charakteristisch für den Teufel auf der dritten Ebene der Spirale der Gewalt ist seine Verkleidung und sein tugendhaftes Aussehen. Um es in den Worten von C. S. Lewis (1898–1963), dem irischen Autor der Kinderbuchserie *Die Chroniken von Narnia,* zu sagen: „Wenn der Teufel heute wiederkehrte und Form annähme, dann käme er nicht mit einer Mistgabel und einem spitzen Schwanz. Er könnte nur der Teufel sein, wenn er in einem ordentlichen Anzug erschiene und gebildet redete." Er wäre also der Mann, mit dem wir uns gern auf einer Cocktailparty unterhalten würden.

Wenn die erste Ebene der Spirale der Gewalt nicht als das gesehen wird, was sie ist, dann wird die zweite Ebene zwangsläufig außer Kontrolle geraten und Mord, Raub, Lüge, Vergewaltigung, Ehebruch und Gier werden die Folge sein. Die Kontrolle über das Chaos und die Gewalt ist der dritten Ebene zugeordnet. Die mordenden, räuberischen, lügenden, vergewaltigenden, ehebrecherischen und gierigen Menschen müssen aufgehalten werden. Dieses Anliegen ist berechtigt, die dritte Ebene umfasst also das prinzipiell Gute. Doch so wie Engel, wenn sie fallen, zum Teufel werden, verwandeln sich die gegen das Chaos gerichteten Kräfte in Unmenschlichkeit und Diktatur, je mehr wir sie verehren und je mehr Macht wir ihnen einräumen. Aus dem Guten wird der nur als gut getarnte Teufel. Solange wir das System selbst nicht kritisieren, bleiben wir unter der Herrschaft der gefallenen Engel.

Ich war lange Zeit Gefängnisseelsorger. Einige der Inhaftierten sind eine Gefahr für die Gesellschaft. Doch ich habe lange genug mit Inhaftierten zu tun gehabt, um zu sehen, dass die Hauptursache für ihre kriminelle Vergangenheit ihre Armut ist. Viele von ihnen gehören zu Minderheiten, sie sind Afroamerikaner, Asiaten oder indianischer Abstammung. Nach einer Weile fragt man sich unwillkürlich, ob etwa nur Menschen dieser Herkunft schlecht sind. Oder sind sie nicht vielmehr schon auf der ersten Ebene der Welt am stärksten unterdrückt und benachteiligt worden? Doch diese Frage ist höchst unbequem. Statt uns mit ihr auseinanderzusetzen, beschränken wir uns lieber auf die einfache Logik der Bestrafung. Die Rechtfertigung dafür beziehen wir von der dritten Ebene, der des Teufels.

In vielen Ländern ist das Bildungssystem ein gefallener Engel. Ich habe das College im Jahre 1966 abgeschlossen. Wahrscheinlich war ich einer der Letzten, die noch eine breite geisteswissenschaftliche Bildung erhalten haben: Geschichte, Philosophie, Literatur, Poesie und Theologie. Heute dient Bildung vor allem der Vorbereitung auf Berufsleben und Karriere. Umfassend und in Zusammenhängen zu denken wird jungen Menschen kaum mehr vermittelt. An dem Wort „Universität" lässt sich jedoch ablesen, dass umfassende Bildung das gesamte Universum des Wissens umfasst. Lange Zeit war das Ziel nicht Spezialisierung, sondern Universalisierung. Die Wichtigkeit von Bildung wird nach wie vor betont. Doch die zunehmende Verquickung von Universitäten mit der Wirtschaft und die starke Ausrichtung auf beruflich nutzbringendes Wissen sind eine Engführung. Der Engel Bildung ist zum gefallenen Engel geworden. Andere gefallene Engel sind Regierungen, Militär, das Rechts-, Steuer- und Wirtschaftssystem.

Wie raffiniert sich der Teufel verkleidet, lässt sich beispielsweise am Wirtschaftssystem demonstrieren: Meine Eltern lebten während der Weltwirtschaftskrise in den 1920er Jahren in Kansas, sie waren sehr arm. Wenn meine Mutter Geld zur Bank trug, war das eine Art heilige Handlung, selbst wenn es nur 20 Dollar waren, die sie auf das Bankkonto einzahlte. Unser heutiger Umgang mit Geld unterscheidet sich davon grundlegend. Es gilt als vollkommen normal und moralisch integer, Geld auszugeben, das man nicht hat. Wirtschaftsexperten können glaubhaft erklären, warum wir mit einem Leben auf Kredit zum Bruttosozialprodukt beitragen. Und ebenso wie die einzelnen Menschen handeln auch Regierungen: Sie geben Geld aus, das sie nicht haben, und erklären, warum das wirtschaftlich geboten ist. Doch jedem, der auch nur über ein bisschen gesunden Menschenverstand verfügt – er muss wahrlich kein Wirtschaftsexperte sein –, ist sonnenklar, dass unsere Kinder und Enkelkinder dafür bezahlen werden. Offensichtlich interessiert uns das aber nicht. Wir lassen uns gerne belügen und von den Verkleidungen des Teufels täuschen. Immer wieder wählen wir dieselben Regierungen, immer wieder vertrauen wir denselben Banken – scheinbar gibt es keine Alternative.

Ein grundlegendes Umdenken erscheint uns ebenso naiv wie ein Dämonen austreibender Jesus. Der naive Glaube an Dämonen passt nicht in unsere aufgeklärte Welt. Doch sind es nicht Dämonen unseres Denkens, die uns dazu bringen, Banken, Regierungen und Nationen zu vergöttern?

Nirgendwo ist die Vergötzung der Nation so deutlich wie in Amerika. Im Altarraum fast jeder Kirche steht die Nationalflagge. Welch ein Götzendienst! Muss Kirche nicht über die Identifikation mit der Nation hinausgehen? Ist Kirche nicht ein Ort für Menschen aller Völker, für universelle Bürger der ganzen Welt?

Die dritte Ebene der Spirale der Gewalt wird vielfach als überlebensnotwendig angesehen und sie ist notwendig – für das Überleben des Systems! Wir haben unser Bürgerrecht zwar im Himmel (vgl. Philipper 3,20), aber wir leben als Bürger des Systems und diese Zugehörigkeit wollen wir mit allen Mitteln verteidigen. Dass allein Jesus Gott ist, wird bereits in der frühen Kirche proklamiert. Die eminent politische Bedeutung dieser Aussage vermögen wir als im System Gefangene jedoch kaum zu verstehen. Für die frühen Christen war noch vollkommen deutlich, wie elementar diese Aussage der römischen Formel widerspricht: Der Kaiser ist Gott. Die Gegenthese des Evangeliums, dass allein Jesus Gott ist, stellt also das politische System radikal infrage. Die Botschaft von der Gottheit Jesu unterminiert die Ebene der Welt, ordnet die Ebene des Fleisches neu und stellt die Ebene des Teufels bloß.

Da die dritte Ebene der Gewalt ausnahmslos als etwas Heiliges oder Sakrales verehrt wird, bedeutet jede Bloßstellung und jede Kritik eine Bedrohung, die ausgemerzt werden muss, so wie man auch Jesus loswerden musste, der nicht mit seinem Land und seiner Religion konform ging und sie stattdessen radikal kritisiert hat.

Die menschliche Psyche hat eine kaum zu begreifende Eigenart: Wir wollen um jeden Preis eine positive Vaterfigur, ein gutes Elternbild aufrechterhalten. Dieses Bedürfnis reicht so tief, dass sich selbst von ihren Eltern misshandelte Kinder weigern, die Wahrheit anzuerkennen, und Opfer ihre Peiniger verteidigen. Diese Strategie dient dem Schutz der dritten Ebene und soll verhindern, dass sie in irgendeiner Weise bloßgestellt wird. Paulus hatte keine Angst, Petrus, den ersten Papst, zu kritisieren: „Als Kephas aber nach Antiochia gekommen war, bin ich ihm offen entgegengetreten, weil er sich ins Unrecht gesetzt hatte" (Galater 2,11). Wer würde heute wagen, den Papst auf diese Weise zu kritisieren? Auch Jesus hat Petrus scharf angegriffen, ihn sogar als Satan bezeichnet: „Jesus aber wandte sich um und sagte zu Petrus: Weg mit dir, Satan, geh mir aus den Augen! Du willst mich zu Fall bringen; denn du hast nicht das im Sinn, was Gott will, sondern was die Menschen wollen." (Matthäus 16,23) Jesus äußert diese Zurückweisung genau in dem Moment, als Petrus aus der Gemeinschaft ein selbsterhaltendes System machen und jede Kritik und jedes Leid Jesu oder der Gemeinschaft verhindern will (vgl. Matthäus 16,16-19.22).

Das Bedürfnis nach Vaterfiguren und die Strategie, ihre Mängel auszublenden, bestimmt auch unser Verhältnis zu Führungspersönlichkeiten. Viele Menschen projizieren ihr eigenes Machtstreben und ihr eigenes Bedürfnis nach Selbstbehauptung auf einen Führer. Er soll den eigenen, oft nicht erreichten Status repräsentieren. Dadurch schreiben sie der Führungspersönlichkeit in einem Ausmaß Macht und Privilegien zu, dass der Missbrauch geradezu vorprogrammiert ist. Die wenigsten Führungspersönlichkeiten sind böswillig. Ihr mitunter diktatorisches Verhalten erwächst vielmehr aus der symbiotischen Beziehung zwischen dem, was eine Gemeinschaft will, und dem, was sie auf ihre Führungspersönlichkeiten projiziert, bei ihnen toleriert oder gar bestätigt. Die Führungskräfte spiegeln also die Unreife bzw. den unreifen Zustand des moralischen Bewusstseins der ganzen Gemeinschaft.

Jesus kehrt die Verhältnisse um, er spricht von dienender Führung: „Wer bei euch groß sein will, der soll euer Diener sein." (Matthäus 20,26; vgl. 23,11; Markus 10,43) Jesus wird in der Fußwaschung sogar selbst zum Diener (vgl. Johannes 13,4-16). Das widerspricht unserem gängigen Verhältnis von einer Führungspersönlichkeit und Petrus bringt diesen Widerspruch explizit zum Ausdruck: „Niemals sollst du mir die Füße waschen!" (Johannes 13,8) Doch Jesus hat das Ego und sein Geltungsbedürfnis überwunden: „Amen, amen, ich sage euch: Der Sklave ist nicht größer als sein Herr und der Abgesandte ist nicht größer als der, der ihn gesandt hat." (Johannes 13,16)

Nichts Menschliches, nichts auf dieser Erde steht über notwendiger Kritik. Wenn wir die Kritik an einem System dennoch verhindern wollen, dann deshalb, weil wir das System vergötzen. Nach der hebräischen Bibel aber ist Götzendienst die einzige Sünde. Es gibt keine Sünde außer dieser: etwas als Gott zu verehren, was nicht Gott ist.

Die Unvollkommenheit der Welt

Etwas Gutes kann zugleich auch böse sein. Aus dieser Erkenntnis erwächst die Möglichkeit, unser Entweder-oder-Denken zu überwinden und zu einem Sowohl-als-auch-Denken zu gelangen. Das Entweder-oder-Denken hält beim Anblick eines Fehlers alles für schlecht. Das Sowohl-als-auch-Denken ermöglicht uns, die verkleidete Natur des Bösen zu erkennen, und macht uns frei zu sehen, dass alles gebrochen und gefallen, schwach und mangelhaft ist:

du und ich, unsere Ehe, unsere Kinder, die Institution der Kirche. Diese Wahrheit mag hart klingen, aber sie macht uns frei für die Liebe: Wir können beginnen, die Dinge in ihrem gebrochenen und fehlerhaften Zustand zu akzeptieren. Wir müssen nicht darauf warten, dass etwas vollkommen ist, damit wir ihm in Liebe begegnen können.

In der Männerarbeit verwende ich oft eine Zeile aus dem Song „Anthem" von Leonard Cohen: „There is a crack in everything and that's how the light gets in – In allem ist ein Riss und durch diesen fällt das Licht." In traditionell theologischer Sprache wird dieser Riss als Erbsünde bezeichnet. Wenn wir die Gebrochenheit der Welt annehmen und keine Vollkommenheit erwarten, müssen wir das Unvollkommene nicht vergöttlichen und können kreativ Kritik üben, ohne negativ, mit Hass, zynisch oder bitter zu reagieren.

Wie bereits weiter oben beschrieben, fällt es sowohl Konservativen als auch Progressiven sehr schwer, Kritik am System selbst zu üben. Zu wirklich kreativer Kritik des gesamten Systems sind vielleicht nur radikale Menschen fähig, so wie schon die Propheten in ihrer Kritik radikal waren. Mir ist bewusst, wie stark der Begriff „radikal" vorbelastet ist. Ich verstehe ihn in seinem ursprünglichen Sinn als Ableitung vom lateinischen „Radix" in der Bedeutung „an die Wurzel von etwas reichen". Wenn Johannes der Täufer davon spricht, dass die Axt an die Wurzel der Bäume gelegt ist (vgl. Matthäus 3,10; Lukas 3,9), meint er genau diese Radikalität. Ein radikaler Mensch gibt sich nicht mit den Symptomen zufrieden. Auch die Ebenen des Fleisches und des Teufels sind Symptome. Konservative sehen die Ursache aller Probleme nur auf der Ebene des Fleisches, Progressive nur auf der Ebene des Teufels. Radikale sehen die Ursachen auf der Ebene der Welt, an der untersten Stelle der Spirale der Gewalt, an der Wurzel.

Damit werden nicht länger einzelne Menschen verurteilt, sondern alle werden verurteilt, denn wir alle sind Teil des Systems.

Ich selbst gehöre dem System an, das ich kritisiere. Ich reise mit dem Flugzeug in der ganzen Welt umher, ich bin ein Franziskaner mit Kreditkarte. Ich nutze die Vorteile des Systems. Lediglich Menschen, die sich in einem gewissen Maß dafür entschieden haben, ein einfaches Leben zu führen, sind nicht Teil des Systems. Ein einfaches Leben ist der einzige Ausweg. Zu dieser Einsicht hat mir der Heilige Franz von Assisi (1181/82–1226) verholfen. Durch ihn habe ich die Wichtigkeit des Armutsgelübdes für die religiösen Orden verstanden. Sie wollen eine neue ökonomische Lebensform außerhalb des Systems entwickeln. Denn wenn wir einmal Teil des Systems sind, wollen wir aufsteigen und das System verteidigen und schützen. Damit aber werden wir blind für seine dunklen Seiten.

Alle großen spirituellen Lehrer – Buddha (um 560–um 480 v.Chr.), Jesus, der Heilige Franziskus, Mahatma Gandhi (1869–1948) – haben ein einfaches Leben gelebt. Solange wir Luxus, Statussymbole, Macht, Prestige und Besitz idealisieren, also das, was Jesus vor allem kritisiert, verneigen wir uns vor dem System und bleiben Teil des Spiels.

Wir müssen die Verführungen, Versuchungen und Täuschungen auf allen drei Ebenen der Spirale der Gewalt erkennen. Jede Ebene wird verstärkt, wenn die Wunden der vorhergehende Ebene der Spirale nicht sichtbar und geheilt werden. Erst in der authentischen Gotteserfahrung, etwa in der Kontemplation, finden wir einen neuen inneren Standort und eine neue Identität, die Identität in Gott. In dieser Identität können wir den Mut finden, uns außerhalb der Welt zu stellen. Dann können wir ganz neu verstehen, was wirklich damit gemeint ist, dass Gott uns rettet. Erlösung meint nicht, dass Gott uns in den Himmel bringt, sondern dass er uns von der Lüge, dem Herrschaftssystem, der Illusion und der Täuschung frei macht.

Diese Erkenntnis befreit uns davon, ein perfekter Mensch oder etwas ganz Besonderes sein zu müssen. Sie gibt uns die Freiheit, der Mensch zu sein, der wir wirklich sind, arm und unter unseren Kleidern nackt. Nicht immer befreit Religion zu dieser Erkenntnis und oft bringt sie engstirnige Heuchler hervor. Doch immer wieder inspiriert sie Menschen dazu, sich in Gott zu verlieben.

Durch dieses Erwachen finden wir unsere Identität unter einer neuen Herrschaft und in einem neuen Königreich. Das neue Königreich ist keine symbolische Umschreibung der Christengemeinde oder eine Vertröstung auf das Paradies, sondern hat konkrete politische Bedeutung. Wir leben in der Welt und im Fleisch und unter dem Einfluss des Teufels. Im Königreich Gottes, in der Herrschaft Gottes aber finden wir eine Identität, die uns unseren eigentlichen Status, unsere eigentliche Sicherheit, unsere wahre Zugehörigkeit und unsere innere Autorität gibt.

Wenn der Heilige Geist kommt, wird er die Welt überführen und aufdecken, was Sünde, Gerechtigkeit und Gericht sind (vgl. Johannes 16,8). Und viele, die jetzt die Ersten sind, werden dann die Letzten sein und die Letzten werden die Ersten sein (vgl. Matthäus 19,30). Manche Menschen, die sich leidenschaftlich für unser Rechtssystem, den Strafvollzug, unser Regierungssystem oder das Militär einsetzen, erweisen sich am Ende als Teufel. Und manche, die auf der zweiten Ebene als sündige Ehebrecherinnen verdammt werden, sind verwundete Frauen, die ihr Herz Gott hingegeben haben. Manche Menschen, von denen wir denken, sie seien völlig im System gefangen und in der Welt verloren, können sich bei genauerem

Hinsehen, in wirklicher Begegnung und liebevoller Zuwendung als Diener im Inneren des Systems erweisen, die ihren kleinen Teil dazu beitragen, dass ein bisschen Menschlichkeit, Wahrheit und Freiheit in ihr Büro, ihre Fabrik oder ihre Abteilung einkehren.

Männerspiritualität und Initiation

Für die meisten Menschen ist das Konzept einer Männerspiritualität noch immer befremdlich. Nach vielen Jahren, in denen ich in diesem Bereich arbeite, bin ich aber davon überzeugt, dass eine solche Spiritualität heute notwendiger ist denn je. Angesichts der Verhältnisse in der Kirche und in der weltweiten Politik ist es offensichtlich, dass der männliche Teil unserer Spezies nicht wirklich erwachsen wird. Das ist kaum verwunderlich, denn welche Hilfe finden Männer heute, um zu erfahren, was es bedeuten könnte, wirklich erwachsen zu werden?

Im nordöstlichen Australien liegt ein Platz, den die Aborigines als „Ort der Steinaxt" bezeichneten. Hier wurden über Jahrhunderte Männer initiiert. Der nicht initiierte Mann galt als unberechenbarer Teil der Gemeinschaft. Deshalb wurden junge Männer an einen besonderen Ort geführt und in Spiritualität, Weisheit und Sexualität unterwiesen. Am „Ort der Steinaxt" erhielten sie anschließend die Erlaubnis, sich aus den zahlreich vorhandenen Feuersteinen ihre eigene Steinaxt anzufertigen. Mit dieser Axt kehrten sie in ihr Dorf zurück und damit war der Initiationsritus abgeschlossen. Entscheidend wichtig war, dass die jungen Männer die Steinaxt – das Symbol ihrer

Kraft – erst tragen durften, nachdem sie unter Beweis gestellt hatten, dass sie mit ihrer Macht umzugehen wissen. Die Aborigines waren überzeugt, dass ihre Kultur binnen zwei Generationen zerfallen würde, sobald junge Männer über Macht verfügen, ohne etwas von Spiritualität zu wissen. Und genau das mussten sie mit ansehen, als die Iren und Engländer in dieses Gebiet Australiens kamen und – nicht wissend, was sie taten – jedem Jungen eine Steinaxt gaben.

In der männlichen Spiritualität geht es immer um die Auseinandersetzung mit Macht. Alle männlichen Archetypen[8] – Krieger, König, Liebhaber und Magier – müssen sich mit der Macht auseinandersetzen. Männer, die nicht gelernt haben, wie sie ihre innere Macht finden können, werden Macht immer im Außen suchen – und sie häufig missbrauchen, wenn sie keine Verbindung zwischen dem Inneren und dem Äußeren entwickelt haben. Hier liegt der grundlegende Unterschied zwischen weiblicher und männlicher Spiritualität.

Besonderheiten männlicher Spiritualität

Generell ist die Lebenskraft der Frau eher nach innen gerichtet. Frauen können oft besser über innere Angelegenheiten und Gefühle sprechen. Männer sind in Bezug auf die innere Welt häufig ziemlich sprachlos – Grund für zahlreiche Witze. Männer definieren sich vor allem über die äußere Welt und ihr Handeln. Sichtbares, Materielles und Konkretes ist ihnen ebenso wichtig wie ihr Antrieb, etwas zu bewirken. Männer müssen erst lernen, dass es

---

8 Ausführlich dazu Richard Rohr, Vom wilden Mann zum weisen Mann, Claudius Verlag, München [2]2009.

eine innere Welt gibt, und sich die Sprache aneignen, um diese innere Welt zu beschreiben. Beim Lernen wirken sie oft hilflos und deshalb scheint es manchmal, als führten Männer ein gespaltenes Leben. Sobald ein Mann aber einen Zugang zu seiner inneren Welt und seinem inneren Leben gefunden hat, will er – auch darin unterscheiden sich Mann und Frau – möglichst schnell aktiv werden.

Männer suchen den direkten Weg zu Aktivität und Engagement; das ist offensichtlich tief im männlichen Wesen verankert. Still dazusitzen, Gebete zu rezitieren oder über das Heilige zu sprechen langweilt Männer ziemlich schnell. Ein Mann schaut sich das vielleicht ein oder zweimal an, aber dann richten sich seine Interessen auf ein anderes Ziel. Er will damit beginnen, von der inneren Welt eine Brücke zur äußeren Welt zu bauen. Die Bedeutung dieses Aktivseins spiegelt sich im Namen des „Zentrums für Aktion und Kontemplation", das ich 1987 im Auftrag des Franziskanerordens in Albuquerque in Neumexiko aufgebaut habe.

An Einkehrkursen nehmen vor allem Frauen teil, in großer Zahl und Vielfalt finden sich Programme über weibliche Spiritualität und beim Gottesdienstbesuch sind Frauen bei weitem in der Mehrzahl. In manchen Ländern ist es schwer, in der Kirche überhaupt einen Mann zu finden – außer dem Priester. Und dieser Mann trägt auch noch ein Kleid!

Besonders drastisch sind die Verhältnisse in Brasilien, in jenem Land, das als eines der ersten von den Portugiesen kolonisiert und angeblich missioniert wurde. Seit 400 Jahren wird hier das Evangelium gepredigt; die prächtigen katholischen Kirchen legen davon Zeugnis ab. Doch wie wird der Glaube gelebt? Bei einem Besuch in einer brasilianischen Kirche habe ich einen Eindruck davon bekommen: wunderschöne Statuen, von Frauen liebevoll mit Kleidern geschmückt. Überall in der Kirche entzündeten Frauen Kerzen und beteten. Und Gott segne sie dafür. Doch mir war zum Weinen. Dies ist eine Religion für Frauen und eine Spiritualität, die Männer nicht respektieren können. Bemerkenswerterweise gelten die jungen Männer Brasiliens als besonders selbstbezogen, gewaltbereit, wenig verantwortungsbewusst und kaum vertrauenswürdig. Von der Spiritualität, wie ich sie in dieser Kirche gesehen habe, haben sie jedenfalls nicht profitiert.

Weltweit wird das Evangelium kaum in einer Form vermittelt, die Männer anspricht und in der sie sich mit ihren eigenen Erfahrungen wiederfinden. Männer sind nicht weniger spirituell als Frauen. Doch sie akzeptieren nicht, wenn ihre eigenen Erfahrungen nicht vorkommen. Sie verlangen nach einer ihnen gemäßen Sprache, die sie als echt und ehrlich empfinden und die mitunter sogar brutal sein kann. Süßliche Worte sind ihnen ein Gräuel. Sie wollen durch Spiritualität nicht weicher oder weiblicher werden. Männer wollen auf ihrem spirituellen Weg die wahre Härte finden, die ein Mann finden muss und die er zum Leben braucht. Das ist nur in einer Sprache und mit Symbolen möglich, die er respektiert – und die auch ihn achten.

Die heutige Symbolik bei Taufe, Erstkommunion und Firmung bzw. Konfirmation – die paar Tropfen lauwarmes Wasser, die niedlichen Kinderkleider, die wie eine Verkleidung wirkenden kleinen Anzüge oder gar das weiße Taufkleidchen – spricht die männliche Psyche nicht an. Die männliche Psyche weiß um die Unangemessenheit dieser Symbole; Männer sind keine kleinen, reinen, in Weiß gekleideten Jungen. Wenn Spiritualität einem Mann nicht hilft, seine Schatten zu benennen und sich mit ihnen auseinanderzusetzen, kann er diese Spiritualität nicht achten.

Im Judentum war es Aufgabe des Vaters, seine Söhne in der Spiritualität zu unterweisen. Im christlichen Kontext lernen die meisten Jungen Frömmigkeit, Religiosität und Spiritualität – sofern diese Aspekte in der Familie überhaupt eine Rolle spielen – von ihren Müttern. Das ist nicht grundsätzlich negativ, doch es besteht die Gefahr, dass feminine, weiche und moralistische Elemente überbetont werden. Es ist nicht verwunderlich, wenn auf diese Weise sozialisierte Jungen meinen, zur Kirche zu gehen oder spirituell zu sein sei gleichbedeutend mit dem Verlust ihrer Männlichkeit. Doch Spiritualität und Männlichkeit schließen einander keineswegs aus.

Die Suche nach einem Weg für Männer

Mit einer verweichlichten Frömmigkeit, wie wir sie seit Jahrhunderten praktizieren, können immer weniger Männer noch etwas anfangen. Sie verlangen nach kraftvollen Worten für die Beschreibung des biblischen Wegs, auf dem starke Männer unterwegs sind, die mit sich ringen und sich in Auseinandersetzungen beweisen müssen. Diese Männer kämpfen mit Gott und sind dadurch in einer echten Beziehung mit Gott, nicht in einer lauen Pseudoveranstaltung. Spiritualität und Religion werden Männer nur ansprechen, wenn sie den Weg und die Seele des Mannes wirklich berühren.

Vor einigen Jahren erschien im *Time Magazine* ein Bericht darüber, warum Frauen Selbsthilfebücher lesen und Seminare zur Persönlichkeitsentwicklung besuchen. Der Autor schreibt: „Im Gegensatz dazu erfindet der typische Mann mit dem Erwachsenwerden eine Person für sich, er findet eine persönliche Identität und bemüht sich in seinem weiteren Leben darum, sie inmitten all der Veränderungen der ihn umgebenden Welt durch Betäubung und Ablenkung zu bewahren. In der Lebensmitte würden wir es dann als Undankbarkeit und Verrat empfinden, ein vollkommen anderer Mensch zu werden. Und deshalb reagiere ich auf Rückschläge und Krisen in meinem Leben so, wie ich es immer getan habe: Ich schließe mich ein, setze mir Kopfhörer auf und höre laute Musik. Das ist der Weg des Mannes: Wir verändern uns nicht.“

Damit ist der typische Mann, der sich von der Idee der Verwandlung oder Umkehr oder von radikalen Veränderungen seines Weges bedroht fühlt, sehr gut beschrieben. Die Verweigerung von Umdenken und Veränderung bestimmt auch unsere politische Elite. Vielleicht aus dem gleichen Grund ist deshalb in den meisten Teilen der Welt die Tradition der Initiation verlorengegangen. Die Älteren haben die Jüngeren nichts mehr zu lehren, sie können nichts mehr weitergeben. Jede Generation muss für sich selbst lernen und ganz neu beginnen.

Die Bedeutung von Männerspiritualität

Männerspiritualität ist entscheidend wichtig für das Überleben unserer Kultur. Solange junge Männer als für die Gemeinschaft unberechenbar gelten, solange wir ihnen generell unterstellen, sie seien oberflächlich und hätten nichts anderes im Kopf als Drogen, Sex und Rock ’n’ Roll, besteht keine Hoffnung auf ein spirituelles Wachstum und umgekehrt können wir kaum Respekt vor spiritueller Autorität erwarten.

Das gegenwärtig häufig gezeichnete Bild des Mannes als Versager und Idiot, der in Comedyshows lächerlich gemacht wird, stößt mich ab. Ja, wir lachen darüber, vielleicht weil wir uns teilweise selbst wiedererkennen oder auch weil wir nicht ernst genommen werden. Das grundlegende Bedürfnis des Mannes, egal ob er einen Doktortitel hat oder einfacher Arbeiter ist, besteht jedoch darin, respektiert zu werden. Mehr braucht ein Mann nicht. Wird ihm Respekt entgegengebracht, zeigt er sich aufgeschlossen. Das gilt kulturübergreifend.

In männlicher Spiritualität spielt gegenseitiger Respekt eine wichtige Rolle. Das betrifft nicht nur den Respekt, den Ältere, Lehrer und Mentoren jungen Menschen entgegenbringen und von ihnen bekommen, sondern auch das Respektieren Gottes und umgekehrt den Respekt Gottes. Es ist wichtig für uns, dass Gott uns respektiert, dass Gott uns erlaubt, unsere Fehler zu machen. Das ist eine Sprache, die Männer verstehen.

Das Zeichnen des Aschekreuzes an Aschermittwoch, dem ersten Tag der Fastenzeit, ist eines der wenigen Elemente in der christlichen Kirche, das von den heidnischen Initiationsriten geblieben ist. In ursprünglichen Initiationsriten wälzt der Junge sich nackt in der Asche. Ein solches Ritual kann der Mann respektieren, darin fühlt er sich wirklich angesprochen. Er weiß: Ich bin ein Mann der Erde, ein Mensch, ich bin Erde und wenn ich aufrichtig sein will, dann muss ich demütig sein. Die Wahrhaftigkeit und Ehrlichkeit solcher Gedanken und eines solchen Rituals nötigen Männern Respekt ab und merkwürdigerweise fühlen sie sich dadurch selbst geachtet.

Männer mögen keine kirchlichen Floskeln. Mir sind die Worte von der Unbefleckten Empfängnis, der Menschwerdung Gottes und der Erlösung seit meiner Jugend vertraut und ich habe sie in meiner Ausbildung verinnerlicht. Doch nach Jahrzehnten als Prediger weiß ich, dass die Gemeinde diesen leeren Blick bekommt, wenn ich diese Worte benutze, denn sie bedeuten den Menschen nichts. Natürlich kann ich ihre tiefe Bedeutung vermitteln

– wenn ich eine Stunde Zeit habe. Aber Männer – und im Grunde auch Frauen – verlangen nach einem Wort, das sie unmittelbar anspricht, etwas, das ihrer Erfahrung entspricht und ihren Schmerz widerspiegelt.

Männer sind es nicht gewohnt, sich in ihrer Verwundbarkeit zu begegnen. Sie reden über ihre Leistungen und Erfolge, das letzte gewonnene Spiel, ihre Arbeit und ihren Beruf. Daraus beziehen sie ihr Identität. Echte Veränderung, echte Männerbewegung muss an anderer Stelle ansetzen, etwa mit dem Zwölf-Schritte-Programm.[9] Bereits beim ersten Treffen der Anonymen Alkoholiker zeigen sich Männer in ihrer Verwundung: „Mein Name ist Michael und ich bin Alkoholiker." Sich nicht in seiner Großartigkeit zu präsentieren, sondern zuzugeben, wie klein man ist, ermöglicht eine Öffnung gegenüber den anderen Männern in der Gruppe. Das Gegenüber erkennt, dass der Mann kein Dominanz-Spiel beginnen und die eigene Größe, Intelligenz, Heiligkeit oder Überlegenheit demonstrieren will, sondern sich in seinen Wunden und mit Asche auf der Stirn zeigt.

Die eigene Verletzlichkeit einzugestehen ist der notwendige Ausgangspunkt einer männlichen Spiritualität. Darin sind wir alle gleich: Wir alle wissen, dass wir in dieser Erfahrung des Lebens vereint sind. Wir sind unter unseren Kleidern nackt, wir können ehrlich miteinander reden, in diesem Vereintsein sind wir sicher.

Wenn Männer unter sich sind, vermittelt das ein bestimmtes Gefühl der Sicherheit. Sie spüren eine besondere Anteilnahme, Demokratie und Gleichheit, die schlicht darauf beruht, dass sie Männer sind. In ihrer Begegnung spielt es dann oft keine Rolle, welchen Status jemand hat, ob er Intellektueller oder Arbeiter ist, welches Auto er

---

9 Vgl. oben ab S. 51.

fährt oder wo er lebt. Eine Männergruppe wird einfach durch das gemeinsame Mannsein zusammengehalten. Wenn Männer sich auf dieser Ebene treffen und etwas von ihrer Verwundung zeigen, dann können sie sich wirklich begegnen. Erst dann kann echte Spiritualität entstehen und wachsen.

Ausnahmslos in allen traditionellen Weisheitsgeschichten über das Mannsein, beispielsweise in den Legenden über die Suche nach dem Heiligen Gral, macht sich der junge Mann allein auf den Weg und wird irgendwann in der Mitte seiner Suche verwundet. Das erinnert an die tiefere Bedeutung der Wundmale Christi. Für Männerspiritualität ist die Frage zentral, wie wir mit unserer Wunde umgehen. Wenn sie zu einer heiligen Wunde wird, können wir in der Verletzung Gott und Gnade erkennen und aufhören, anderen die Schuld zu geben – nicht dem anderen Geschlecht oder einer anderen Rasse, nicht einer anderen Religion oder einer anderen Gruppe. Die meisten Menschen vergeuden ihre Zeit mit Schuldzuweisungen, anstatt aus einer kraftvollen Spiritualität zu leben. Spiritualität ermöglicht, die Wunde und den Schmerz auszuhalten, bis sie uns verwandeln. Darin liegt die Bedeutung der heiligen Wunde.

Auf ihrem spirituellen Weg brauchen Menschen keine Experten und Ratgeber, sondern Älteste und Mentoren. Diese können andere Menschen in der Regel nur so weit führen, wie sie selbst gekommen sind. Menschen können andere nur in dem Maße verwandeln, wie sie sich selbst gewandelt haben. Die Generation jüngerer Männer sucht geradezu verzweifelt nach Vaterfiguren, nach weisen alten Männern, die aus ihrer Lebenserfahrung heraus glaubhaft sagen können: „Es ist alles in Ordnung, hab keine Angst, du bist gut. Geh nicht in diese Richtung, das ist eine Sackgasse. Wende dich besser in jene Richtung. Verschwende keine Zeit mit Wut oder Schuldzuweisungen an andere." Ein solcher Zuspruch vermittelt einem Mann unmittelbar, dass andere Männer für ihn da sind. Die wenigsten Menschen wissen, dass es in der Religion zentral um diesen Zuspruch geht.

Die christliche Religion wird vollständig von Projektionen in die Zukunft bestimmt. Belohnung und Bestrafung werden erst in der Zukunft offenbar. Dadurch verliert die Spiritualität allerdings ihre Kraft, denn in Wahrheit geht es immer um das Jetzt. Alles, was wir erfahren, geschieht jetzt. Wenn wir nicht im Jetzt gegenwärtig sein können, werden wir nichts wirklich erfahren und niemandem wirklich begegnen. Unseren Erfahrungen fehlt die Tiefe und wir werden uns nicht weiterentwickeln. Wir können uns nur entwickeln, wenn wir genau hier und genau jetzt leben. Wir müssen gegenwärtig sein. Wir müssen uns also fragen: Wie entwickeln wir uns genau jetzt, wie leben wir genau jetzt? Wie sehr nehmen wir den Schmerz an, wie sehr fühlen wir ihn und erlauben der Gnade, diesen Schmerz zu verwandeln?

Die Initiation

Der Brauch der männlichen Initiation[10] ist während der letzten 1000 Jahre im Westen – im Unterschied zu den ursprünglichen Kulturen der Welt – völlig verloren gegangen. Die Initiation des Jungen in das Mannsein, die für das kulturelle Überleben und die persönliche Spiritualität lange Zeit als absolut notwendig erachtet wurde, wird heute kaum noch als wichtig angesehen. Die christlichen

---

10 Ausführlich Richard Rohr, Endlich Mann werden. Die Wiederentdeckung der Initiation, Claudius Verlag, München ²2009.

Sakramente der Initiation (Taufe, Erstkommunion, Firmung bzw. Konfirmation) enthalten zwar noch den Kern ursprünglicher Initiationsriten, sie wurden jedoch so verharmlost und verkirchlicht, dass Männer sie nicht mehr respektieren können. Sie haben ihre initiierende, verwandelnde Kraft verloren.

Die Wichtigkeit der Initiation wird durch neue wissenschaftliche Ergebnisse bestätigt. Die Entwicklung des Gehirns hat großen Einfluss auf die Spiritualität. Die Forschung unterscheidet fünf bedeutende Entwicklungsschübe des Gehirns. Der erste findet im ersten Lebensjahr statt, weitere im Alter von vier, sieben und elf Jahren. Bei jedem Entwicklungsschritt wird das im vorigen Erreichte integriert. Der am stärksten integrierend wirkende Entwicklungsschub vollzieht sich im Alter zwischen 15 und 18. Dabei werden Teile des Gehirns mit dem Herzhirn verbunden, dessen Existenz mittlerweile ebenfalls wissenschaftlich belegt ist. Bei jungen Menschen, die in dieser Entwicklungsphase nicht mit großen Visionen in Berührung kommen und keinem heldenhaften Menschen begegnen, sterben in großem Ausmaß Gehirnzellen ab.[11] Es ist also sehr sinnvoll, dass zwei Drittel der Kulturen Jungen in der Regel mit ungefähr 15 Jahren initiiert haben.

Wohl die meisten Menschen erinnern sich an ihren Idealismus in diesen Lebensjahren. Junge Menschen wollen etwas ganz Besonderes sein und an etwas Großem Anteil haben. Wenn sie jedoch keiner wirklichen Größe begegnen, keinem großen Bild und keiner großen Vision, und wenn sie keinen großen Bezugsrahmen finden, dann wollen sie wenigstens in etwas Lautem aufgehen – in einer marschierenden Armee, einem Rockkonzert oder in

---

11 Ausführlich Richard Rohr, Befreiung vom Ego. Wege zum wahren Selbst, Claudius Verlag, München ²2010, S. 74-89.

einer Gemeinschaft von 100.000 Leuten in einem Stadion. Solche Gemeinschaftserlebnisse sind durchaus positiv, wenn ich sie in Bezug auf Spiritualität auch nur als Pseudotranszendenz bezeichnen würde. Ein Mann spürt, dass die gemeinsame Begeisterung von 100.000 Menschen bei einem Rockkonzert etwas Großes ist. Die männliche Psyche sucht nach dem Gefühl, im Zentrum der Geschichte zu stehen und an etwas Bedeutsamem teilzuhaben. In der Armee oder bei Umzügen mitzumarschieren und laute Musik können dieses Gefühl vermitteln.

Wenn Jungen über solche Gemeinschaftserlebnisse hinaus nur mit Pseudohelden und angeblich Prominenten und nicht mit wirklich großen Visionen und wahren Helden in Verbindung kommen, entwickeln sie einen tiefen Zynismus und das Vorurteil, dass es Großartiges und bedeutende Menschen überhaupt nicht gibt. Dieser Zynismus schlägt sehr schnell in Gewalt um. Das erklärt die Gewaltbereitschaft vieler Jugendlicher. Ihre Väter, Patenonkel, Großväter und auch die Kirche waren ihnen keinerlei Hilfe.

Allen Initiationsriten ist gemeinsam, dass die Jungen immer aus dem gewohnten Lauf der Dinge, dem „Business as usual", herausgenommen werden. Verwandlung, Initiation und die Visionssuche können sich nicht im vertrauten Raum ereignen. Immer und ausnahmslos werden die jungen Männer in die Natur geführt. Nur in der Natur finden sie etwas vor, das größer ist als sie selbst und ihnen deshalb Respekt abnötigt. Die Natur lässt sich nicht kontrollieren, vor ihrer Größe empfinden Männer Ehrfurcht. Die Indianer Nordamerikas beispielsweise sind bei ihrer Visionssuche eine lange Zeit allein und in der Stille, um die Natur zu beobachten, die Muster der Natur zu erkennen und allmählich wieder in ihre Verbundenheit mit dem Universum zurückzufinden.

Initiation folgt keinem psychologischen Paradigma; es geht nicht um Therapie und nicht darum, die Probleme mit dem Vater oder der Mutter zu lösen oder die Verletzungen der Vergangenheit zu heilen, sondern Initiation springt gleichsam über diese persönliche Dimension hinweg. Initiation ist nicht Psychologie, sondern Kosmologie und deshalb verwandelt sie auf einer so tiefen Ebene. Durch die Initiation wird der junge Mann wieder mit der Tatsache in Verbindung gebracht, dass er ein Sohn des Universums ist. Damit weiß er um seine Zugehörigkeit.

Wenn wir den 40-tägigen Aufenthalt Jesu in der Wüste (vgl. Matthäus 4,1-11; Markus 1,12-13; Lukas 4,1-13) als Initiation verstehen, zeigt sich in der Botschaft, die Jesus von dort mitbringt, dieselbe Verbundenheit mit dem Universum: Ich werde geliebt und ich bin ein Sohn (vgl. Markus 1,11). Das genügt, alles zu verändern. Theoretisches Wissen allein bewirkt nichts; die Kraft zur Veränderung entfaltet sich erst, wenn wir die Verbundenheit mit dem Universum tief in unserem Inneren, in unserem Bauch und Körper spüren und von der Gewissheit erfüllt sind: Wir sind geliebte Söhne. Wir sind auf eine kraftvolle und wunderbare Weise verbunden.

Vor einiger Zeit fragte mich ein jüdischer Freund: „Ich respektiere eure Religion und versuche, sie zu verstehen. Als Außenstehendem scheint mir, dass ihr Christen euch ständig schuldig fühlt. Das verstehe ich einfach nicht. Kannst du mir das erklären?" Wie recht er hat. Das Christentum ist zu einem großen Teil auf einem System aus Schuld und Sünde aufgebaut und beschämt die Menschen. Es macht ihnen Angst vor Gott und schüchtert sie ein, indem es ihnen immer wieder Bestrafung als Konsequenz für ihre Sünden vor Augen hält. Und aus irgendeinem merkwürdigen Grund glauben wir, das könnte Menschen motivieren, Gott zu lieben.

Der Initiation liegt eine viel positivere Haltung zugrunde, sie ist in keiner Weise moralistisch. In der Initiation kann ein Mensch unmittelbar eintauchen in die Schönheit des Universums, von dem er selbst ein Teil ist. Dass der Mensch selbst Teil des Universums ist, lässt sich nicht mit Worten vermitteln. Das kann der Mensch nur erleben, etwa in der Initiation. Worte sind eine niedrige Form des Lehrens. Nur durch Erfahrung lernt der Mensch vollständig. Und nur im Erleben und Erfahren gelangen Männer zum Verständnis und fühlen sich von Gott geachtet: Gott selbst muss ihr Lehrer werden und sie müssen ihr eigenes Wissen erlangen. Worte wirken in diesem Zusammenhang nur noch als „Geburtshilfe", die das Kind hervorholt, das schon im Mann geboren worden ist.

Der Schwellenzustand

In der Initiation liegt der Schwerpunkt auf Natur, Einsamkeit, Schweigen – und der dazu erforderlichen Disziplin – und der Erwartung von etwas Kommendem oder Möglichem. In der Initiation wächst eine heilige Sehnsucht, die Erwartung, dass etwas Gutes geschehen wird. Damit diese Erwartung entstehen kann, muss in den ersten drei Tagen ein Grenzbereich aufgebaut werden. Er gleicht einer Türschwelle. Auf der Türschwelle stehen wir, wenn wir einen Raum verlassen haben, aber noch nicht in den nächsten Raum eingetreten sind. Wir sind zwischen den Räumen. Jede Verwandlung und jede Initiation ereignet sich in einem solchen Grenzbereich. In solchen Schwellenmomenten werden alle unwesentlichen Dinge von uns genommen und nur noch etwas Einziges ist wichtig. Wohl jeder Mensch war schon einmal in einer Situation, in der nur eines wichtig war. Dann kann etwas Neues geschehen.

Vielleicht war es der Moment, in dem wir zum ersten Mal durch den Tod einen geliebten Menschen verloren haben, wir also dem Tod direkt begegnet sind. Nichts anderes hat dann in unseren Gedanken Platz. Wenn der Ehepartner, das eigene Kind oder die Eltern gestorben sind, kann der Tod über Jahre allen Raum in unserem Denken und Fühlen einnehmen. Das gesamte Universum ist nicht mehr so wie zuvor. Nach den Terroranschlägen vom 11. September 2001 waren die Vereinigten Staaten von Amerika für einige Monate in einem solchen Schwellenzustand. Und in einem Schwellenzustand befinden sich auch Menschen, wenn sie sich zum ersten Mal verlieben. Alles sehen sie in einem anderen Licht.

Der Religionswissenschaftler, Philosoph und Schriftsteller Mircea Eliade (1907–1986) gilt als einer der besten Kenner der Initiation. Nach seiner Überzeugung hat der moderne und postmoderne Mensch – also wir – kaum Zugang zu diesem Grenzbereich. Zu 99 Prozent leben wir im profanen Bereich. In einem profanen Raum ist nichts wirklich wichtig, alles erregt gleichermaßen unsere Aufmerksamkeit. Dann gleicht der Geist einem Fliegenfänger; er springt von einem Problem zum nächsten, er versucht, alles zu erklären, zu kontrollieren und in Ordnung zu bringen. In einem solchen Rahmen wird nichts Neues entstehen.

In der Initiation wird der Mann aus dem gewohnten Lauf der Dinge herausgenommen, an einen sicheren Ort gebracht und damit konfrontiert, dass in den nächsten Tagen nur eines wirklich wichtig ist. Sein Status und seine Selbstwichtigkeit müssen ihm genommen werden, damit er sie nicht glorifiziert, schützt oder verstärkt. In den klassischen Initiationen tragen alle Jungen die gleiche Kleidung, damit sie keine Möglichkeit haben, ihre Besonderheit oder ihre Unterschiedlichkeit zu zeigen. Unter diesen Kleidern sind sie nackt.

Auf diese Weise vorbereitet, werden die Jungen allein und ohne Zielvorgabe gelassen. Dadurch kann sich die Sehnsucht nach Anleitung entwickeln, nach jemandem, der ihnen sagen kann, was die Erfahrungen in der Initiation und ihr Leben bedeuten. Nach einiger Zeit – in den klassischen Initiationen Wochen oder Monate, in den heutigen Initiationen einige Tage – bildet sich der Anfängergeist und die Jungen sind bereit zu lernen. Mit der Sehnsucht nach Anleitung und im Alleinsein erwacht zugleich die Erwartung von etwas Großem und einer Begegnung mit Gott.

In der Initiation können Jungen – in den heutigen Initiationen auch Männer – Autorität akzeptieren. Auf weise Männer, die über diese Autorität verfügen und zur Initiation berufen sind, sind wir in unserem Bemühen, Männer durch Initiation auf einen spirituellen Weg zu führen, dringend angewiesen.

Das Fehlen der Väter

Spiritualität steht exemplarisch für die innere Welt. Da Männer in der inneren Welt kaum beheimatet sind, finden sie nur schwer einen Zugang zur Spiritualität. Häufig bewirkt erst eine Verwundung, dass sie sich auf den spirituellen Weg begeben. In diesem schmerzhaften Prozess einen Sinn zu finden gelingt Männern nur, wenn sie sich der Konfrontation mit sich selbst nicht entziehen können. Das ist der Grund, weshalb Jungen in der Initiation in die Einsamkeit geführt werden. Der Zustand, im nackten Nichts zu stehen, nicht zu wissen, wer man ist, wie man seine Überlegenheit unter Beweis stellen oder welche Rolle man spielen kann, ist nur schwer auszuhalten und viele Männer versuchen, sich diesem Zustand durch Flucht zu entziehen. Solche Fluchtreflexe sehe ich bei Männerinitiationen immer wieder.

Wie wichtig bei der Initiation Anleitung und Führung sind, zeigt sich sogar im Tierreich. Vor einiger Zeit wurde in Afrika ein merkwürdiges Verhalten einer Herde von Jungelefanten beobachtet. Die Tiere stießen wahllos Bäume um, und zwar nicht bei der Futtersuche, sie trampelten auf Autos herum und töteten sogar Artgenossen. Experten fanden die Ursache für dieses von der Norm abweichende Verhalten in der Tatsache, dass es in dem betreffenden Gebiet keine erwachsenen Elefantenbullen gab; sie waren bei der Jagd abgeschossen worden oder durch Krankheit umgekommen. Die Jungtiere waren – um das Wort auch hier zu verwenden – nicht initiiert worden. Weil ihnen ein Vorbild fehlte, waren sie gewalttätig und neurotisch geworden. Zur Lösung wurden erwachsene Elefantenbullen in das Gebiet gebracht. Wenn die jungen Elefanten jetzt Bäume umstoßen oder auf Autos herumtrampeln wollten, bewegte einer der alten Bullen nur seine Ohren, machte ein Geräusch oder hob seinen Rüssel. Offensichtlich verstanden die Jungtiere diese Botschaften: Das ist kein angemessenes Verhalten für einen Elefanten. Nach einigen Wochen hatte sich das Verhalten der Herde vollkommen verändert.

Der 1926 geborene amerikanische Schriftsteller Robert Bly ist ein Protagonist der Männerbewegung. Er vertritt die Ansicht, dass die Entstehung der Männerbewegung maßgeblich von dem 1963 erschienenen Buch *Auf dem Weg zur vaterlosen Gesellschaft* des Psychoanalytikers Alexander Mitscherlich (1908–1982) beeinflusst wurde. Wie entscheidend die Abwesenheit der Väter ist, wurde mir mit seltener Klarheit während eines Vortrags deutlich, den ich im Rahmen einer Rundreise anlässlich des Erscheinens der deutschen Ausgabe meines Buchs

Der wilde Mann (1986) in Deutschland hielt. Bei meinen Vorträgen waren vor allem junge Männer anwesend, viel mehr, als normalerweise in Amerika zu meinen Vorträgen kommen. An diesem Abend stand ein junger Mann auf und sagte: „Wir sind heute hier, weil wir aus einer Nation stammen, die im Ersten Weltkrieg unsere Großväter und Urgroßväter umgebracht hat. Wir haben uns so sehr nach einer Vaterfigur gesehnt, dass wir schließlich sogar eine negative Vaterfigur akzeptiert haben – ein schlechtes Vorbild war besser als gar keines. Wir waren ohne Führung und brauchten jemanden, der uns sagt, was zu tun ist. Mit dem Führer Adolf Hitler haben wir eine negative Vaterfigur gewählt und dann wurden im Zweiten Weltkrieg unsere Väter getötet." Viele Anwesende weinten; der junge Mann hatte ihnen aus dem Herzen gesprochen. Er fügte hinzu: „Viele von uns kennen ihre Väter nicht, viele von uns hatten Nazis als Väter und wir schämen uns für sie. Sie können uns nichts lehren außer Militarismus und Materialismus."

Die Geschichte Deutschlands zeigt auf dramatische Weise, was geschieht, wenn Männer nicht gelehrt werden, was es heißt, ein Mann zu sein. Offensichtlich lernen Männer das nicht von Natur aus, sondern es muss ihnen vermittelt werden.

Wenn die männliche Kraft nicht kanalisiert wird, scheint sie fast immer destruktiv zu wirken. Männer missbrauchen ihre Macht, wenn sie nicht auf einen Weg der Machtlosigkeit geführt werden. Die meisten Männer scheinen sich in ihrer Psyche nicht über den Stand eines Teenagers hinaus entwickelt zu haben. Menschen auf diesem Entwicklungsstand unterscheiden immer zwischen ausschließlich gut und ausschließlich böse und sehen alles in den Kategorien von Gewinn und Verlust. Ein initiierter Mann hingegen versteht, dass das Leben in einem Bezugsrahmen gelebt werden kann, in dem beide Seiten gewinnen. Er muss nicht immer überlegen sein, um sich gut zu fühlen. Ein initiierter Mann kann ein Partner des Lebens werden, er kann ein partnerschaftliches Verhältnis zu Frauen und zu anderen Männern entwickeln.

Wenn wir uns als Menschheit weiterentwickeln wollen, müssen wir die durch das Fehlen der Väter verursachten Schäden überwinden – auch durch die Initiation von Männern. Selbst wenn die kirchlichen Rituale Männer kaum mehr ansprechen, trägt doch die jüdisch-christliche Tradition noch Ansätze für diesen Weg in sich, etwa in der Theologie der Taufe, wie Paulus sie formuliert hat: „Wir alle, die wir auf Christus Jesus getauft wurden, sind auf seinen Tod getauft." (Römer 6,3) In einem derart radikalen Verständnis bedeutet die Taufe ein symbolisches Ertrinken, einen symbolischen Tod. In der Initiation können Männer ihrer eigenen Vergänglichkeit begegnen. Ein Mann muss wissen, dass er sterben wird, dass dieses Leben begrenzt ist. Und es ist besser, wenn wir es jetzt richtig leben.

Das Ziel der Initiation

Der Begriff Initiation leitet sich ab vom lateinischen „initiare" = „einen Zugang eröffnen, einen neuen Anfang setzen". Wie viele Menschen versuchen erst auf dem Sterbebett, ihr Leben richtigzustellen. Der Weg der Initiation ist viel weiser, denn er vermittelt das Wissen, dass wir unser Leben bereits am Anfang richtigstellen können. Ein initiierter Mann kann die Welt schon von Beginn an im richtigen Kontext sehen und weiß, dass das Leben nur eine Schule und er nur für eine kurze Weile hier ist.

Auf seinem spirituellen Weg braucht der Mann Lehrer

und Älteste, die ihn davon abhalten, in Sackgassen stecken zu bleiben. Natürlich machen Männer weiterhin Fehler, aber selbst diese Fehler können verwandelt werden. Letztlich gibt es keinen Fehler außer diesem: nicht auf dem Weg zu bleiben.

Dieser Weg ist hart und Verletzungen sind unausweichlich. Als symbolische Entsprechung kennen manche traditionelle Initiationsriten rituelle Verletzungen. Beispielsweise wurden die Jungen der Puebloindianer in Mexiko bei der Initiation rituell ausgepeitscht. Unser humanistischer Verstand sieht in einer solchen Praxis Misshandlung, aber in einem Schwellenmoment und in einem heiligen Raum hat ein solches Ritual eine völlig andere psychologische Bedeutung. Der junge Mann wird nicht misshandelt, sondern über die körperliche Ebene – die einzige Ebene, die ihm dauerhaft in Erinnerung bleibt und die er respektiert – wird ihm vermittelt, dass das Leben hart ist. Die elementare Erfahrung bei der Initiation bewahrt den Mann davor, sich das Leben leichter zu machen und bei der Suche nach Status und Privilegien stehen zu bleiben.

Die traditionellen Initiationsriten endeten immer mit einem großen Festessen, bei dem die Verwandlung der jungen Männer in Erwachsene, in geliebte Söhne, in einzigartige, transformierte Persönlichkeiten gefeiert wurde. Um diese Verwandlung geht es letztlich auch in der christlichen Eucharistie. Wie viele andere Bereiche des Christentums ist aber leider auch die Eucharistie zu einer Angelegenheit von Leistung, Ergebnissen und Wert geworden. Dadurch hat die Gnade ihre großartige verwandelnde Kraft verloren. In der Gnade erhalten wir das Recht unserer Anwesenheit, obwohl wir unwürdig sind. Wir erhalten unsere Würde von Gott und nicht aus eigener Leistung.

Die Elemente der Verwandlung sind noch immer vorhanden. In der Wiederbelebung der Initiation können wir ihnen zu neuer Kraft und zu neuem Leben verhelfen. An diesem Ziel arbeiten immer mehr Männer und gemeinsam gelingt es ihnen, neue Rituale zu finden, die sie respektieren können.[12] Wir stehen vor einer langfristigen Aufgabe. Selbst wenn es lange dauert, bis die Initiation auf breiter Basis Früchte trägt – nach meiner Einschätzung nach fünf Generationen –, so können wir doch heute schon etwas in Gang setzen und andere bringen es zur Vollendung.

---

12 Zu Richard Rohrs Bemühen um die Initiation erwachsener Männer vgl. Richard Rohr, Endlich Mann werden. Die Wiederentdeckung der Initiation, Claudius Verlag, München ²2009; www.mannsein.at; www.akdach.net; www.maennerpfade.org.

Der Heilige Franziskus oder: Wie man die Welt auf den Kopf stellt

Das spirituelle Genie des Franz von Assisi (1181/82–1226) wird in seinem Streben sichtbar, so gut und umfassend wie irgend möglich wie Jesus zu sein. Deshalb wurde er über Jahrhunderte als „Franziskus, der zweite Christus" bezeichnet.

Die Kultur der Ehre und Unehre

Für das Verständnis der Bibel ist in den vergangenen Jahrzehnten die Kulturanthropologie zunehmend wichtig geworden. Kulturanthropologische Forschungen geben wertvolle Aufschlüsse über das soziale Umfeld, in dem beispielsweise Jesus gelebt hat. Auch zur Erforschung des Lebens des Heiligen Franziskus leistet die Kulturanthropologie einen wertvollen Beitrag.

Die Kulturanthropologie zeigt, dass die gesamte mediterrane Welt – also unter anderem das Galiläa Jesu und das Italien des Franziskus – von einem System von Ehre und Unehre bestimmt war. Fast sämtliche Verhaltensregeln waren von einem Denken in diesen beiden Kategorien beeinflusst. An dieser Sichtweise hat sich bis heute kaum etwas geändert, selbst wenn wir das mehr oder weniger entschieden bestreiten.

Ehre und Unehre sind dem menschlichen Ego zuzuordnen. Wir können sie gewinnen oder verlieren; sie kommen uns nicht von Natur aus zu. Für die Ehre müssen wir arbeiten und wenn wir sie erlangt haben, wollen wir sie schützen und zeigen, dass wir sie besitzen. Unsere Unehre hingegen wollen wir verstecken. Sie ist – um einen modernen Begriff zu gebrauchen – unser Schatten-Selbst.

Nur authentische Religion weiß um die innere Quelle unserer Würde. In der Welt des Ego hingegen müssen wir unseren Status und unsere Würde im Außen suchen – in Kleidung, Titeln, Besitz und Einfluss. Diese Lebensweise ist höchst instabil, denn wir sind permanent mit unseren Befindlichkeiten befasst und kreisen ständig um die Sorge, wie wir in den Augen der anderen aussehen. Und wenn wir es zu Reichtum und Ansehen gebracht haben, können wir im nächsten Moment in Ungnade fallen und alles wieder verlieren.

Der Verstoß gegen soziale Regeln gilt als ehrenrührig. Mit dem Verlust der Ehre geht zugleich das Recht auf Respekt verloren. Selbst wenn die starren Regeln heute durchlässiger geworden sind und Abweichungen von der Norm nicht immer mit sozialen Sanktionen geahndet werden, garantiert der soziale Druck nach wie vor in erheblichem Maß das regelkonforme Verhalten. Wer mit Menschen, die die sozialen Regeln brechen, sympathisiert oder sich gar öffentlich mit ihnen solidarisiert, wird häufig selbst als unehrenhaft angesehen und nicht länger respektiert. Die soziale Unfreiheit prägt seit Jahrtausenden die Menschheitsgeschichte. Ansätze zu Veränderungen hat es immer wieder gegeben. Jesus beispielsweise hat das gesamte Ehrkonstrukt abgelehnt und das Evangelium vor allem den sozial Geächteten verkündigt.

In seiner Nachfolge stehen Persönlichkeiten wie Franziskus und die Nobelpreisträgerin Mutter Teresa (1910–1997), die sich mit den Ärmsten der Armen in Indien solidarisiert hat, aber auch zahllose namenlose Menschen, die ihren Dienst von der Welt fast unbemerkt tun, wie etwa jener schwarze Priester in Afrika, der selbst aus armen Verhältnissen stammt und eine Station für Leprakranke gegründet hat, oder der mit mir befreundete Schulleiter, der seine berufliche Laufbahn und alle Sicherheiten aufgegeben hat, um in Afrika mit Aids-Waisen zu arbeiten.

Die Rollen von Mann und Frau

Das System von Ehre und Unehre hat wesentlichen Einfluss auf das Verhältnis der Geschlechter. Männer streben Ansehen und Ehre fast ausschließlich in der Form von Autorität, Reichtum, Macht und Status an, also überwiegend in Kennzeichen der äußeren Welt. Dieses Streben ist wesentliche Grundlage des Patriarchats. Die Psyche des Mannes ist durch diese Außenorientierung im Ungleichgewicht. Der Mann muss etwas darstellen, er muss die Ehre seiner Familie und sein Land verteidigen. Sein Hauptaugenmerk ist also beständig auf die äußere Welt gerichtet. Die Frage lautet dann nicht „Wer bin ich?", sondern „Wie sehe ich aus?". Das Fragen nach dem Ansehen führt kaum zu spiritueller Erkenntnis. Die Frage nach dem Ansehen gehört zur Sprache des Aufstiegs. Jesus und Franziskus sprechen eine andere Sprache, die des Abstiegs.

Durch das Patriarchat bedingt, bemisst sich der Status der Frau über Jahrhunderte fast ausschließlich nach ihrem Wirken in der häuslichen Welt und nach ihrem sittlichen Verhalten; Demut, Gehorsam und Keuschheit galten als wichtigste Verdienste. Die Ehre der Frau gereichte auch dem Mann zu Ansehen; eigenes unkeusches Verhalten schmälerte seine Ehre hingegen nicht, sondern förderte sein Ansehen sogar häufig noch. Frauen sollten gehorsam, pflichtbewusst, passiv, scheu, schüchtern und zurückhaltend sein. Jedes öffentliche Auftreten war ihr versagt, nur beim Tod eines Angehörigen sollte sie öffentlich ihre Trauer zeigen. Diese Rollenverteilung findet sich auch heute noch in Teilen der mediterranen Welt und in Afrika.

Nach dem traditionellen Rollenbild darf die Frau nicht im Vordergrund stehen, keine Risiken eingehen und noch nicht einmal eine eigene Meinung haben. Vor diesem Hintergrund wird die wahre Tragweite der Geschichte von Maria und Martha (Lukas 10,38-42) deutlich. Es geht nicht nur um Aktion und Kontemplation, obwohl wir die Episode gerne so verstehen, sondern um die Geschlechterrollen. Jesus heißt es gut, dass Maria mit den Männern über Theologie spricht, und schickt sie nicht zurück in die Küche. Nichts gegen die Küche, aber Jesus legt die Frauen nicht auf die Rolle der Hausfrau fest. Auch dass Jesus sich in der Öffentlichkeit von Frauen berühren lässt (vgl. Matthäus 9,20-22; Markus 5,25-34; Lukas 8,43-48) oder allein mit Frauen spricht wie mit der Frau am Brunnen (vgl. Johannes 4,1-42), steht in radikalem Gegensatz zur Abwertung der Frau zu seiner Zeit.

Jesus stellt die traditionelle Rollenverteilung grundsätzlich infrage. Männer und Frauen sollen einander gleich behandeln, für beide gelten die gleichen sexuellen Verhaltensregeln. So lässt sich die Geschichte von Jesus und der Ehebrecherin deuten (Johannes 8,3-11): Die Pharisäer und Schriftgelehrten klagen nur die Frau an, die Ehe gebrochen zu haben. Wo aber ist der Mann, der mit ihr die Ehe gebrochen hat? „Habt ihr etwa weniger Schuld?", hält Jesus den Männern entgegen, die die Anklage führen.

Diese Frage impliziert die Weigerung Jesu, mit zweierlei Maß zu messen.

Wie sehr mit zweierlei Maß gemessen wird, zeigt sich im Verlust und im Wiedergewinnen der Ehre. Ein Mann kann durch Aktivität seine verlorene Ehre wiedererlangen. Der Ehrverlust der Frau gilt dagegen als unumkehrbar. Folglich bleibt ihr nur, ihre Ehre zu bewahren. Fatal ist die Verknüpfung dieses Ehrverständnisses mit der Jungfräulichkeit. Ebenso wie sich verlorene Jungfräulichkeit nicht wiederherstellen lässt, ist auch verlorene Ehre unwiederbringlich. Dieser Gedanke offenbart ein völliges Missverständnis von Ehre oder Tugend. Doch selbst heute haftet ein Makel oft lebenslang an einer Frau. Immer wieder wird sie an einem einzigen Fehlverhalten gemessen.

Jesus durchbricht diese Fixierung. „Ich verurteile dich nicht", sagt er zu der Ehebrecherin (Johannes 8,11). Er bestimmt Moral und Tugend neu und stellt die Frau auf die gleiche Ebene wie den Mann: Auch ihr steht der Weg offen, ihre Ehre wiederzuerlangen. „Wer von euch ohne Sünde ist, der werfe den ersten Stein" (Johannes 8,7). Dieser wunderbar tröstliche Zuspruch für alle Beschämten, Erniedrigten und Gedemütigten ist geradezu zu einer Grundlagendefinition für die Gleichheit aller Menschen geworden.

In der Nachfolge Jesu erweist auch Franziskus Frauen besonderen Respekt, etwa indem er Klara von Assisi (1193/94–1253) und ihre Mitschwestern dabei unterstützt, in dem kleinen Kloster in San Damiano ihren eigenen Weg zu gehen. In tiefer Freundschaft war er mit Jacoba de Settesoli (1190–1273) verbunden, von Franziskus auch „Bruder Jacoba" genannt. Sie war bei seinem Tod anwesend und der Legende nach soll sie ihm als letzten Liebesdienst einen Mandelkuchen gebacken haben. Sie ist in der Basilika San Francesco d'Assisi begraben.

Wir können das Leben nicht aus einer eigenen inneren Mitte leben. Unsere Mitte empfangen wir von Gott. Wir sind von vornherein vollkommen und für immer Töchter und Söhne Gottes. Keine Kultur kann uns das nehmen und keine Religion kann uns das geben. Die Aufgabe der Religion besteht darin, diese Gotteskindschaft sichtbar werden zu lassen.

Auch wenn die von Gott geschenkte Würde jedes System von Ehre und Unehre relativiert, bedient sich die Religion doch allzu oft genau dieses Systems. In diesem System gilt als ehrbar, wer öffentlich seine Frömmigkeit und Religiosität bekundet. Auf Jesus kann sich eine solche Einstellung nicht berufen. In einer Vielzahl von Aussprüchen wendet er sich gegen jede Form der Suche nach Status und gegen jedes Streben nach einem besseren Ansehen durch öffentliche Zurschaustellung von Religiosität und demonstrative Großzügigkeit.

Franziskus hat einen ebenso radikalen Weg der Abkehr von der öffentlichen Geltung beschritten. Er hat sich immer den Armen zugewandt und allen begegnete er mit Respekt. Wann immer er einen Bedürftigen traf, übersetzte er die Begegnung im Geiste: „Der Bedürftige ist Jesus selbst." Deshalb sah er in allen Armen den Sohn Marias – nackt und bedürftig, so wie Maria ihren Sohn zum ersten Mal in Händen gehalten hat. Und obwohl Franziskus allen Neid abgelegt hatte, maß er sich selbst stets an den Armen und wollte sie noch übertreffen.

Können wir diese Einstellung auch nur im Entferntesten nachvollziehen? Stellt sie die Welt nicht völlig auf den Kopf? Empfinden wir etwa Neid gegenüber den Behinderten, den Armen, den Unterdrückten, den Menschen am Rande? Ganz sicher nicht! Wie alle anderen blicken wir auf sie herab. Wir achten nur Menschen, die unserer Norm entsprechen: gesellschaftlich integriert, weiß, heterosexuell, unserer Nationalität zugehörig. Nein, unsere Welt steht nicht auf dem Kopf. Das heißt aber zugleich, dass wir vom Evangelium und der franziskanischen Tradition nicht radikal verwandelt worden sind.

Franziskus war neidisch auf Menschen, die ärmer waren als er. Hätte heute ein Kandidat die Chance auf ein öffentliches Amt, wenn er sich eine solche Hinwendung zu den Bedürftigen der Gesellschaft auf die Fahnen schriebe? Wenn er höhere Steuern forderte, die den Bedürftigen zugutekommen sollen? Unvorstellbar! Alle Politiker müssen uns versprechen, dass wir weniger Steuern zahlen müssen, denn schließlich wollen wir nichts von dem abgeben, was wir uns „verdient" haben.

Die Forderung Jesu, nicht nach sozialem Status und gesellschaftlichem Aufstieg zu streben, ist für Franziskus gleichbedeutend mit der Berufung zur Armut. Manche von uns Franziskanern haben es mit der Suche der Armut übertrieben und rechnen sie sich als Verdienst an. Doch materielle Armut hat keinen Wert in sich. Es geht vielmehr um eine innere Armut. Wir müssen – um es in heutiger Begrifflichkeit zu sagen – unser Ego und sein Bedürfnis loslassen, schön und berühmt auszusehen.

Die Idealisierung materieller Armut hat das Entstehen des Kommunismus begünstigt. Die Verherrlichung materieller Armut allein kann die Welt jedoch nicht retten. Erst wenn wir eine innere Armut zulassen und nicht länger an den Prinzipien der Überlegenheit, der politischen Macht und Kontrolle festhalten, werden wir zu sozialen Reformen kommen und die linke Tyrannei überwinden. Papst Johannes Paul II. (1920–2005) hat zutreffend festgestellt: Das Evangelium kritisiert sowohl den Kommunismus als auch den Kapitalismus. Dass Christentum und kommunistische Ideologie nicht zusammenpassen, scheint uns offensichtlich. Doch erst die Erschütterung ihres Weltbilds infolge der ökonomischen Krise lässt viele Menschen zum ersten Mal fragen, ob ihr Glaubenssystem wirklich dem Evangelium Jesu entspricht oder nicht zu einem wesentlichen Teil vom ökonomischen System des Kapitalismus bestimmt ist.

Die Letzten werden die Ersten sein

Im Matthäusevangelium finden sich zahlreiche Aussprüche Jesu, in denen er dazu auffordert, nicht den Aufstieg, sondern den Abstieg zu suchen. Am bekanntesten ist der Satz: „Die Letzten werden die Ersten sein und die Ersten werden die Letzten sein." (Matthäus 20,16) Wie viele von uns glauben das wirklich? Geht es uns nicht vielmehr immer darum, die Nummer eins zu sein? Die Seligpreisungen aus der Bergpredigt (Matthäus 5,3-10), die als Zusammenfassung der Lehre Jesu gelten können, idealisieren Machtlosigkeit und die Ablehnung jeder Art von falscher Macht. Echte Vergebung bedeutet, sich nicht moralisch höher zu stellen. Deshalb fällt es uns so schwer zu vergeben, denn als Vergebende können wir uns nicht länger überlegen fühlen. Machtmenschen können überhaupt nicht vergeben, weil Macht ihr Lebensinhalt ist.

Religion öffentlich zu praktizieren bringt soziale Vorteile. Es dient der eigenen Ehre und lässt den religiösen Menschen in seinen eigenen und in den Augen anderer als spirituell, moralisch und gut erscheinen. Jesus fordert hingegen auf, Beten und Fasten im Stillen zu praktizieren (vgl. Matthäus 6,5-6.16-18). Auf dem spirituellen Weg geht es nicht um soziale Vorteile, sondern darum, dass wir unsere Motivation und unsere Ziele läutern. Wir müssen das Innere unseres Bechers reinigen, dann kann auch das Äußere sauber werden (vgl. Matthäus 23,25-26; Lukas 11,39). Wenn wir uns über unsere Motive Rechenschaft ablegen und sie auf unserem spirituellen Weg immer weiter läutern, können wir vielleicht irgendwann sagen: Ich habe keinen anderen Grund für mein Tun als die Liebe zu Gott und den Nächsten. Niemand muss davon wissen. Das ist vollkommene Freiheit vom Ego.

Reichtum

Jesus fordert auf, keine Reichtümer anzuhäufen (vgl. Matthäus 6,19-21.26; Lukas 12,18.24). Das stellt die Prinzipien des Kapitalismus radikal infrage. Und dennoch basiert unser Leben zu einem Großteil auf Konsum und dem Anhäufen von Geld. Selbst die Kirche ist davon nicht ausgenommen. Doch die Position Jesu und auch die franziskanische Tradition sind völlig eindeutig: „Ihr könnt nicht Gott dienen und dem Mammon." (Matthäus 6,24) „Eher geht ein Kamel durch ein Nadelöhr, als dass ein Reicher in das Reich Gottes gelangt." (Matthäus 19,24; Markus 10,25; Lukas 18,25)

„Nehmt nichts mit auf den Weg, keinen Wanderstab und keine Vorratstasche, kein Brot, kein Geld und kein zweites Hemd." (Lukas 9,3) Mit diesen Worten sendet Jesus seine Jünger aus. Franziskus hat immer die wichtigen Dinge wörtlich genommen. Die Forderung Jesu, kein Geld bei sich zu tragen, gehört für Franziskus zu diesen wesentlichen Dingen. Deshalb trug er statt eines Gürtels einen Strick um die Taille. Geld wurde zu seiner Zeit in einem Gürtel aufbewahrt und so war für alle sichtbar, wenn jemand Geld hatte. Der Strick ist also ein Zeichen gegen den Reichtum. Noch heute gehört er zur franziskanischen Ordenstracht, wenn wir Franziskaner inzwischen auch meinen, nicht völlig ohne Geld auskommen zu können.

Vielleicht sollten wir uns öfter an die Radikalität Jesu und des Franz von Assisi erinnern.

Kleidung

Jesus lehnt Kleider als Statussymbole ab (vgl. Matthäus 6,28.30; Lukas 12,23.28). Liturgische Gewänder spielen in fast allen Religionen eine große Rolle. Die Würdenträger in der katholischen Kirche entfalten in ihrer Kleidung oft große Pracht – als ob ihre Würde davon abhinge! Und ich nehme mich selbst nicht aus. Auch ich kleide mich gern festlich und häufig trage ich Ordenstracht. Es ist jedoch wichtig zu wissen, wer ich bin, wenn ich diese Kleider nicht trage. Auch ohne Tracht sollte ich wissen, dass ich Franziskaner bin.

Kleider machen Leute. Das wusste auch schon Franziskus. Sein Vater war der reichste Tuchhändler von Assisi und der junge Franziskus verkaufte bunte und kostbare Stoffe und Kleider. Wie wenig prunkvolle Gewänder bedeuten, demonstrierte Franziskus nach seiner Bekehrung, indem er nur noch ungebleichte Wolle trug, die mit der Zeit schmutzig-braun wurde. Nach diesem Vorbild sind die Kutten der franziskanischen Ordenstracht noch heute tiefbraun.

Wenn Menschen ihre Seele geläutert und ihre innere Arbeit getan haben, brauchen sie keine äußeren Zeichen und Verhaltensweisen mehr, um andere zu beeindrucken oder sich selbst zu überzeugen. Dann sind sie in der Religion der zweiten Lebenshälfte angekommen, wie Jesus und Franziskus sie gelehrt haben. Leider geben sich viele Menschen mit der Religion der ersten Lebenshälfte zufrieden.[13]

---

13 Vgl. oben ab S. 11.

Jesus hat mit den Sündern und den Ausgegrenzten Gemeinschaft gepflegt und auch darin ruft er seine Jünger zur Nachfolge. Franziskus, der aus wohlhabendem Elternhaus stammte, hat für sich selbst die Armut gewählt. Er verließ die sichere Oberschicht und lebte außerhalb der Stadtmauern Assisis mit den Geringgeachteten, lateinisch „minores". Seine Gesinnung spiegelt sich im Namen des Franziskanerordens wider: Ordo fratrum minorum, Orden der Minderen Brüder.

Jesus scheute sich nicht, als einer gesehen zu werden, der mit den religiösen Gesetzen in Konflikt stand, indem er beispielsweise die Sabbatruhe brach. Jesus suchte nicht der Verachtung zu entgehen, sondern pries die Verachteten selig: „Selig seid ihr, wenn ihr um meinetwillen beschimpft und verfolgt und auf alle mögliche Weise verleumdet werdet. Freut euch und jubelt: Euer Lohn im Himmel wird groß sein. Denn so wurden schon vor euch die Propheten verfolgt." (Matthäus 5,11-12) Diese Sätze bedeuten eine völlige Umkehrung unserer Vorstellungen von Geltung und Ehre, sie stellen die Welt auf den Kopf!

Wir alle wissen, wie schwer es ist, mit Verachtung umzugehen. Wenn andere Unwahrheiten über uns verbreiten, schlecht über uns reden oder uns gar hassen, drängt alles in uns nach Verteidigung: Das ist nicht wahr! Jesus und Franziskus lehren jedoch, den Zustand des Verachtetseins auszuhalten. Im Zustand des Verachtetseins solidarisieren wir uns mit all den Verachteten in dieser Welt, die nichts gelten, weil sie in der Minderheit sind, der falschen Rasse angehören, das falsche Geschlecht haben, sexuell falsch orientiert sind oder aus dem falschen Land stammen. Nur wenn wir den Zustand der Verachtung mit ihnen teilen, können wir ihnen mit wirklicher Empathie begegnen.

Ruhm

Jesus warnt vor dem Streben nach religiösen Verdiensten (vgl. Matthäus 5,3), denn in der Regel errichten wir damit nur Monumente für uns selbst. Und dennoch ist die Versuchung groß: In zahllosen Kirchen haben sich Stifter in Bildern und Mosaiken verewigen lassen, kleine Täfelchen an den Sockeln von Statuen, auf Kirchenbänken und Gravuren auf Orgelpfeifen künden von der Freigiebigkeit der Spender. „Wenn du Almosen gibst, soll deine linke Hand nicht wissen, was deine rechte tut. Dein Almosen soll verborgen bleiben und dein Vater, der auch das Verborgene sieht, wird es dir vergelten." (Matthäus 6,3-4) Könnte Jesus noch deutlicher sagen, dass wir uns vor Gott keinen Namen zu machen brauchen? Nun ist mein eigener Name in weiten Teilen der Welt ziemlich präsent. Aber ich hoffe, dass es mir und meinen Leserinnen und Lesern und meinen Zuhörerinnen und Zuhörern nicht um mich geht, sondern um den, auf den wir all unsere Aufmerksamkeit richten sollten: den guten Gott.

Hartherzigkeit

„Ihr seid wie die Gräber, die außen weiß angestrichen sind und schön aussehen; innen aber sind sie voll Knochen, Schmutz und Verwesung." (Matthäus 23,27) Mit den Knochen, dem Schmutz und der Verwesung im Inneren sind unsere Schattenseiten gemeint, das, wofür wir uns schämen und was beweint werden will.

Zu Beginn meines Noviziats habe ich mich ausführlich mit der Biografie des Franziskus beschäftigt. Die zahlreichen Berichte über sein vieles Weinen ließen Zweifel an meiner Berufung in mir aufkommen. Doch mein Novizenmeister beruhigte mich: „Du bist ein neunzehnjähriger Amerikaner. Du kannst keinen Sinn in ständigem Weinen erkennen. In einigen Jahren wirst du aber verstehen, warum Franziskus so viel geweint hat." Angesichts der Tatsache, dass sich durch Weinen keine Probleme lösen lassen, müssen uns die vielen Tränen des Franziskus und der Klara von Assisi sinnlos erscheinen. Wenn wir aber den Schmerz und das Leid dieser Welt annehmen und uns mit den Unterdrückten und Benachteiligten solidarisieren und uns selbst in ihnen wiedererkennen, wie könnten wir dann nicht weinen? Die Tränen fließen ganz von selbst, sie werden zum Ausdruck unserer Seele.

Selbsterlösung

„Wer sein Leben retten will, wird es verlieren; wer aber sein Leben um meinetwillen verliert, wird es gewinnen." (Matthäus 16,25; vgl. 10,39; Markus 8,35; Lukas 9,24; 17,33; Johannes 12,25) Diese Worte beschreiben die vollkommene Freiheit von jeder moralischen Selbstbezogenheit und Selbsterlösung. Wer sich lässt, wird sich finden. Welche Bedeutung hat demgegenüber noch die Frage, wie wir in den Himmel kommen! Der reiche Jüngling stellt diese Frage, Jesus lässt sie unbeantwortet (vgl. Matthäus 19,16-26; Markus 10,17-27; Lukas 18,18-27). Stattdessen ruft er in seine Nachfolge. Die narzisstische Frage nach der Rettung ist keine spirituelle Frage, wie viele meinen, sondern eine Frage, die das Ego stellt. Ein wirklich verwandelter Mensch fragt nicht mehr danach, ob er gut ist. Er weiß nur eines: Gott ist gut. Die Frage nach unserem eigenen Gutsein ist langweilig und nicht zu beantworten, denn wir sind von vornherein überzeugt, dass wir gut sind und die anderen leider weniger gut. Diese gegenseitigen Be- und Verurteilungen sind nichts als Vorurteile. Wir müssen mit dem Urteilen aufhören, die Welt hat keine Zeit mehr für solche Dummheit. Dazu müssen wir den Weg nach unten beschreiten, denn solange das Ego weiter an der Macht bleibt, werden wir es nicht wagen, uns mit unserem eigenen Schatten zu konfrontieren, sondern „das Grab weiß anstreichen", also den schönen Schein aufrechterhalten.

Größe

„Wenn ihr nicht umkehrt und wie die Kinder werdet, könnt ihr nicht in das Himmelreich kommen." (Matthäus 18,3) Kennen Kinder irgendwelche Dogmen oder Gesetze? Glauben sie jedes Wort der Bibel? Glauben sie an die Unfehlbarkeit des Papstes? Sind Kinder moralisch oder unmoralisch? Kleine Kinder sind einfach da in dieser wunderbaren Welt und lassen sich von der Liebe Gottes beschenken. Sie sind nicht über- oder unterlegen; sozialer Status spielt für sie keine Rolle. Solange Kinder nicht verwundet werden, glauben sie ganz selbstverständlich, dass sie liebenswert sind und im Mittelpunkt der Aufmerksamkeit stehen. Als gute Mütter und Väter ist es unsere Aufgabe, sie in diesem Glauben zu bestärken. Hoffentlich bleibt ihnen etwas davon in Erinnerung und sie können darauf zurückgreifen, damit sie sich auf ihrem späteren spirituellen Weg aus dem System von Ehre und Unehre, in dem sie spätestens als Teenager gefangen sind, wieder lösen können.

Unbescheidenheit

„Selig, die um der Gerechtigkeit willen verfolgt werden; denn ihnen gehört das Himmelreich." (Matthäus 5,10) „Wer bei euch groß sein will, der soll euer Diener sein." (Matthäus 20,26; vgl. 23,11; Markus 10,43) „Ihr aber sollt euch nicht Rabbi nennen lassen; denn nur einer ist euer Meister, ihr alle aber seid Brüder. Auch sollt ihr niemand auf Erden euren Vater nennen; denn nur einer ist euer Vater, der im Himmel. Auch sollt ihr euch nicht Lehrer nennen lassen; denn nur einer ist euer Lehrer, Christus."

118

(Matthäus 23,8-10) Mit all diesen Worten mahnt Jesus zur Bescheidenheit. Wie anders in unserer Welt: Titel verleihen Ansehen und Geltung und auch in der Kirche spielen Titel eine nicht geringe Rolle. Auch mich spricht man mit einem Titel an: Pater. Solange ich mich nicht über den Titel definiere und weiß, dass ich nicht der Titel bin, kann ich darin eine schlichte Anrede sehen.

Franziskus hat für den Orden Titel, die eine Höherstellung bezeichnen, ausgeschlossen: „Keiner soll Prior (Erster) genannt werden." Deshalb sprechen wir im Franziskanerorden anders als in anderen Orden auch nicht von „Oberen", sondern das für drei Jahre ernannte Oberhaupt eines Franziskanerkonvents wird „Guardian" (vom lateinischen „guardianus" = Hüter, Wächter) genannt. Der Guardian begleitet das Leben der Gemeinschaft. Seine Aufgabe besteht nicht darin, die anderen zu kontrollieren oder zu dominieren, sondern er soll mit allen anderen darauf hören, was Gott ihnen aufträgt. Meine Mitbrüder und der Guardian vertrauen meiner Berufung und stehen in dieser Berufung hinter mir. Sie sagen mir nicht, was ich zu tun habe, sondern unterstützen mich in meiner Arbeit, die wir gemeinsam als den an mich ergangenen Auftrag Gottes erkannt haben.

Status

„Wer sich selbst erhöht, wird erniedrigt, und wer sich selbst erniedrigt, wird erhöht werden." (Matthäus 23,11) Wer hätte diesen Satz nicht schon gehört. Aber ist er nicht blanke Utopie? Wird so nicht die ganze Welt auf den Kopf gestellt? Dieser Satz beschreibt eine Wirklichkeit, die von unserem sozialen und religiösen System vollständig abweicht.

Besonders Männer müssen sich in Szene setzen, auf sich aufmerksam machen und ihr Ansehen und ihre Bedeutung in der Öffentlichkeit verteidigen. Wer das nicht tut, gilt nicht als Mann. Zu Zeiten des Franziskus gehörte ein Pferd zu den Statussymbolen. Nach seiner Bekehrung brauchte Franziskus dieses Statussymbol nicht mehr. Noch immer gehört das Versprechen, nicht auf einem Pferd zu reiten, zum franziskanischen Gelübde. Irgendwann wurde als Kompromiss das Reiten auf einem Esel erlaubt. Auf die Moderne übertragen entspricht dieser Kompromiss vielleicht dem Gebot, keine großen und teuren Autos zu fahren, sondern einen Kleinwagen. Damit können wir zeigen, dass wir nicht länger an falsche Statussymbole glauben. Auch im Hinblick auf unseren ökologischen Fußabdruck sollten wir uns von Statussymbolen trennen.

Religiöse Umkehr ist entscheidend wichtig, sonst lässt das Ego niemals nach in seinem Streben nach Status, Positionen und Titeln und bleibt bei seinen moralischen Egotrips, in denen wir uns in Szene setzen als niemals sündig, niemals untreu, nicht im Ansatz homosexuell und stets kompromisslos in der Ablehnung von Abtreibung. Wir zeigen immer auf die anderen. Sie sind die Sünder. Wir sind nicht so. Doch das Evangelium fragt nicht, wer wir nicht sind, sondern fragt: Wer bist du?

Franziskus hat ganze Nächte in einer Höhle zugebracht und immer wieder ein ganz einfaches Gebet wiederholt: „Wer bist du, mein Gott, und wer bin ich? Wer bist du und wer bin ich?" Er ließ die Antwort offen; die Frage nach dem Sein Gottes und die nach seinem eigenen Sein durften ein Geheimnis bleiben. Er glaubte niemals, zu wissen, wer Gott ist, ihn verstehen oder aus einem Dogma ableiten zu können. Selbst am Ende seines Lebens hat er noch gefragt: „Wer bist du, Gott? Wer hat all diese Schönheit geschaffen und begegnet unserem Unverständnis mit so viel Mitgefühl?" Mit demselben Mitgefühl hat er nach sich gefragt: „Wer bin ich?" Er musste sich nicht irgendwo einordnen und in irgendeine Schublade der Über- oder Unterlegenheit stecken. Er stand einfach nackt vor dem nackten Gott und dem nackten Christus: Ich bin, der ich bin, der ich bin, der ich bin ...

Franziskus ist über die Jahrhunderte populär geblieben, weil er bereit war, in dieser Nacktheit zu leben. Manche nennen ihn scherzhaft den „Patron der Nudisten", weil er ständig seine Kleider auszieht, etwa am Tag seiner Bekehrung, und weil er auf seinem Sterbebett gesagt hat: „Legt mich nackt auf die nackte Erde." Nichts musste er vortäuschen, nichts verbergen. Auf seiner Kutte trug er die Flicken außen, damit die Menschen sehen konnten, wie es in seinem Inneren aussah. Ist das nicht vollkommene Freiheit?

Franziskus und die Natur

Nahezu alle Menschen, die jemals auf diesem Planeten gelebt haben, konnten weder lesen noch schreiben. Für sie war Wahrheit kein intellektueller Begriff, den es konzeptuell zu erfassen gilt. Wahrheit ist nicht abstrakt, Wahrheit ist keine Idee. Deshalb ist das Wort Fleisch geworden (vgl. Johannes 1,14). Jesus selbst ist die Wahrheit (vgl. Johannes 14,6).

Die Liebe des Franziskus zur Natur ist eine Reflexion der Perspektive der allermeisten Menschen. Wahrheit ist das, was ist. Tiere täuschen nichts vor, sie sind einfach, was sie sind. Die Natur hat die Kraft, uns zu bekehren. Wir müssen nur hinsehen. Das ist das Wesentliche der Kontemplation: Wenn wir etwas nur lange genug anschauen, wird es uns verändern. Alles finden wir in der Natur: die Kreisläufe des Todes und der Auferstehung, des Verlierens und Wiederkommens, des Loslassens, des Schmerzes und der Liebe. Das Seelenwissen ist in den Dingen, so wie sie sind. Paulus hat diesen Zusammenhang so beschrieben: „Seit Erschaffung der Welt wird seine unsichtbare Wirklichkeit an den Werken der Schöpfung mit der Vernunft wahrgenommen, seine ewige Macht und Gottheit." (Römer 1,20) Die ursprüngliche Bibel ist die Welt, die Schöpfung, die Wirklichkeit, die Natur.

Zur Natur gehört alles Materielle und Körperliche. Das „Wort ist Fleisch geworden." Wie weit haben wir uns von der Natur entfernt in unserer mit Scham besetzten Leibfeindlichkeit und in der Verurteilung der Sexualität als sündig. Wie lieblos gehen wir mit diesem Planeten um, wie wenig schützen wir die Erde. Die christlichen Nationen sind weltweit die gierigsten und ausbeuterischsten. Fast sieben Milliarden Menschen leben auf der Erde und wir meinen, wir hätten das größte Stück vom Kuchen verdient. Nicht die Bibel oder der Papst muss uns lehren, von diesem verantwortungslosen Umgang mit der Erde abzulassen, sondern unser Blauer Planet selbst lehrt es uns. Er liegt im Sterben und wir werden mit ihm sterben, wenn wir unsere Lebensweise nicht ändern.

Franziskus hat gelehrt, das Evangelium zu predigen, doch nur wenn es unbedingt notwendig ist, Worte zu benutzen. Wir Franziskaner sollen nicht mit dem Mund predigen, sondern mit unserer Lebensweise. Unseren Schwestern ist das sehr viel besser gelungen als mir und meinen Brüdern. Oft waren sie von der Last eines Wortevangeliums frei, sie mussten keine Lehrsätze beweisen. Die franziskanische Tradition ist eine Spiritualität der Lebensweise; sie basiert auf der Natur und nicht auf Ideen. Wir können verstehen, indem wir hinsehen, ehrlich hinsehen und dabei die Schattenseiten nicht durch dualistisches Denken ausblenden. Wir können verstehen und wirklich leben, wenn wir unsere Feinde und die Menschen, die wir nicht mögen oder mit denen wir nicht einer Meinung sind, nicht länger ablehnen, sondern ansehen und annehmen. Zu unseren Feinden und den Menschen, die wir nicht mögen oder mit denen wir nicht einer Meinung sind, gehören übrigens in erster Linie wir selbst. Auch uns selbst müssen wir ansehen und annehmen.

Die Armut des Franziskus und das Leerwerden im Buddhismus

Die Auseinandersetzung mit dem eigenen Selbst ist wesentlich für alle großen Religionen. Das egozentrische Selbst hält sich für das Zentrum der Welt und ist überzeugt, eine metaphysische Wahrheit oder eine metaphysische Identität zu haben. Die christliche Vorstellung vom mystischen Leib Christi, dessen Glieder wir sind, ist parallel zu einem immer stärker werdenden Individualismus zunehmend dem Konzept einer individuellen Heiligkeit gewichen – mit allen negativen Folgen wie egozentrischem Streben nach spirituellen Verdiensten.

Der Buddhismus unterscheidet zwischen dem großen Selbst – dies entspricht dem mystischen Leib Christi – und dem kleinen Selbst und lehrt, in unserem individuellen kleinen Selbst nicht die letzte Wirklichkeit zu sehen. Buddhismus und Christentum wissen um die gleiche Wahrheit: Nimm deine persönliche Kleinheit nicht so wichtig und hasse dich nicht zu sehr; nimm dein persönliches Wunderbarsein nicht zu ernst und gratuliere dir nicht dazu.

Der Buddhismus legt den Schwerpunkt immer auf das innere Loslassen des falschen Selbst und der Täuschungen des Egos. Die franziskanische Tradition hat vielleicht die äußeren Merkmale der Armut zu sehr betont. Dennoch halte ich die Armut des Franziskus und das Leerwerden im Buddhismus für die westlichen und östlichen Formen ein und derselben Wahrheit.

Literatur
zur weiteren Lektüre

Richard Rohr, Befreiung vom Ego. Wege zum wahren Selbst, Claudius Verlag, München ²2010

Richard Rohr, Endlich Mann werden. Die Wiederentdeckung der Initiation, Claudius Verlag, München ²2009

Richard Rohr, Hiobs Botschaft. Vom Geheimnis des Leidens, Claudius Verlag, München ⁴2010

Richard Rohr, Ins Herz geschrieben. Die Weisheit der Bibel als spiritueller Weg, Herder Verlag, Freiburg 2008

Richard Rohr, Nur wer absteigt, kommt auch an. Die radikale Botschaft der Bibel, Claudius Verlag, München ²2010

Richard Rohr, Pure Präsenz. Sehen lernen wie die Mystiker, Claudius Verlag, München ³2011

Richard Rohr, Vom Glanz des Unscheinbaren. Franziskanische Spiritualität, Claudius Verlag, München 2007

Richard Rohr, Vom wilden Mann zum weisen Mann, Claudius Verlag, München ²2009

Richard Rohr, Wer loslässt, wird gehalten. Das Geschenk des kontemplativen Gebets, Claudius Verlag, München ⁸2010

Richard Rohr/Andreas Ebert, Das Enneagramm. Die 9 Gesichter der Seele, Claudius Verlag, München ⁴⁶2010

Richard Rohr/John Bookser Feister, Hoffnung und Achtsamkeit. Der spirituelle Weg für das 21. Jahrhundert, Herder Verlag, Freiburg 2010

Richard Rohr/Wasilios E. Fthenakis, Vater, Sohn und Männlichkeit. Wie der Mann zum Mann wird, Topos plus, Kevelaer 2008

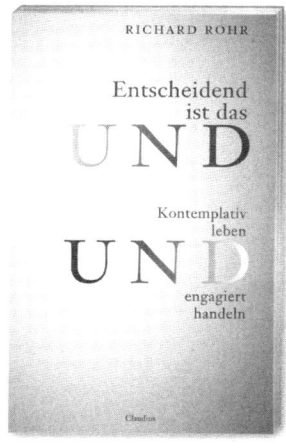

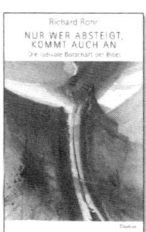